Perseverancia

SERIE INTELIGENCIA EMOCIONAL DE HBR

Serie Inteligencia Emocional de HBR

Cómo ser más humano en el entorno profesional

Esta serie sobre inteligencia emocional, extraída de artículos de la *Harvard Business Review*, presenta textos cuidadosamente seleccionados sobre los aspectos humanos de la vida laboral y personal. Estas lecturas, estimulantes y prácticas, ayudan a conseguir el bienestar emocional en el trabajo.

Mindfulness
Resiliencia
Felicidad
Empatía
El auténtico liderazgo
Influencia y persuasión
Cómo tratar con gente difícil
Liderazgo (Leadership Presence)
Propósito, sentido y pasión
Autoconciencia
Focus
Saber escuchar
Confianza
Poder e influencia
IE Virtual
Energía y motivación
Buenos hábitos
Inclusión

Otro libro sobre inteligencia emocional de la
Harvard Business Review:

Inteligencia Emocional, 3ª edición

Perseverancia

SERIE INTELIGENCIA EMOCIONAL DE HBR

Reverté Management
Barcelona · México

Harvard Business Review Press
Boston, Massachusetts

Perseverancia
Serie Inteligencia Emocional de HBR
Grit
HBR Emotional Intelligence Series

Loreto 13-15, Local B. 08029 Barcelona – España
revertemanagement.com

Edición en papel
ISBN: 978-84-17963-92-7

Edición ebook
ISBN: 978-84-291-9794-5 (ePub)
ISBN: 978-84-291-9795-2 (PDF)

Editores: Ariela Rodríguez / Ramón Reverté
Coordinación editorial y maquetación: Patricia Reverté
Traducción: Elizabeth Casals

Impreso en España – *Printed in Spain*
Depósito legal: B 5656-2024
Impresión: Liberdúplex
Barcelona – España

113

Contenidos

Perseverancia

SERIE INTELIGENCIA EMOCIONAL DE HBR

1

Para desarrollar la tenacidad, regresa a las fuentes

Una entrevista de Curt Nickisch
a Shannon Huffman Polson

El concepto de tenacidad ha ido ganando popularidad en los últimos años. Es una cualidad esencial para afrontar el estrés, superar las dificultades y vencer los obstáculos, tanto en el ámbito laboral como en la vida. Sin embargo, no todo el mundo tiene tenacidad ni sabe cómo desarrollarla.

Shannon Huffman Polson conoce bien el tipo de fortaleza mental y emocional que, en la opinión de muchos expertos, la gente necesita. Shannon fue una de las primeras mujeres en pilotar el helicóptero de ataque Apache del ejército de Estados Unidos, ha emprendido una exitosa carrera corporativa y de consultoría, y es autora de *The Grit Factor: Courage, Resilience, and Leadership in the Most Male-Dominated Organization in the World.*

En esta entrevista explica cómo se puede desarrollar la tenacidad como si fuera un músculo: reconociendo tu historia, entendiendo tu propósito esencial y obligándote a hacer tareas difíciles.

Curt Nickisch: *En primer lugar, ¿qué significa para ti la tenacidad?*

Shannon Huffman Polson: A lo largo de los años la he definido como «una determinación tenaz frente a circunstancias difíciles». Angela Duckworth, de la Universidad de Pensilvania, ha dicho que la tenacidad es «pasión y perseverancia en pos de objetivos a largo plazo», una definición que también me encanta. Sin embargo, en el contexto actual —donde el futuro es muy incierto, el horizonte es muy poco claro y todos trabajamos en entornos mucho más ambiguos— prefiero un poco más mi propia definición.

Hablemos sobre tu experiencia personal y de lo que entiendes por tenacidad. ¿Cómo surgió?

Es algo de lo que hablaba desde niña, sobre todo con mi padre. Es la palabra que usábamos para esforzarnos en seguir adelante y hacer tareas difíciles. Se ha convertido en una parte importante de quien soy y de cómo he abordado la vida y sus retos. A medida que fui creciendo, también comprendí que era algo con lo que no todo el mundo estaba familiarizado y una virtud que muchísima gente valoraba.

¿Cómo te lo inculcó tu padre?

Como padres y directivos, tenemos la posibilidad de transmitir un mensaje o un concepto de distintas maneras, por ejemplo, por medio de anécdotas y preguntas.

Hay una anécdota que siempre cuento: yo estaba en el campo de fútbol y mis padres habían venido a alentarme. No era el tipo de fútbol hipercompetitivo que se juega en la actualidad, sino el fútbol de un club de chicas. Todas teníamos entre nueve y diez años. En el equipo contrario había una chica que jugaba a la ofensiva y se adueñaba de la cancha. Cuando ella arremetía, nos apartábamos como el Mar Rojo y siempre metía un gol.

Recuerdo que, después de un partido, mi padre me preguntó: «¿Por qué no la marcas?». Me pareció algo impensable. Pero la siguiente vez que jugamos contra ese equipo, cuando la chica vino corriendo por mi lado de la cancha, empecé a marcarla. Chocamos a toda velocidad. Y ella jamás volvió a atacar por mi lado de la cancha.

Aquí hubo una combinación de factores para lograr mi objetivo, pero uno de ellos fue la voluntad de emprender algo que me daba miedo, que sabía que sería difícil, que iba a dolerme. Y estar dispuesta a hacerlo de todos modos.

TENACIDAD VERSUS RESILIENCIA: ¿CUÁL ES LA DIFERENCIA?

Courtney Cashman

La tenacidad y la resiliencia suelen usarse de forma indistinta, pero ¿son la misma cosa? En realidad, no.

Como bien define Angela Duckworth, autora del bestseller *Grit*, la *tenacidad* es «pasión y perseverancia en pos de objetivos a largo plazo». La psicóloga Heidi Grant ofrece otra opinión, y la describe como «la voluntad de comprometerse con objetivos a largo plazo y de persistir frente a las dificultades».[a] Otros autores tienen sus propias definiciones. Pero el tema recurrente en estas interpretaciones es la determinación y la persistencia, empeñarse frente a los retos y las contrariedades.

Resiliencia es un término más matizado. Andrea Ovans, exeditora de *Harvard Business Review*, define la resiliencia como «la capacidad de recuperarse de los contratiempos, adaptarse bien al cambio y seguir adelante frente a la adversidad».[b] Es decir, no se trata solo de seguir adelante, sino también de levantarse

(Continúa)

después de haber caído. Es tener la fortaleza para avanzar, al mismo tiempo que se analiza lo sucedido y se realizan los cambios oportunos para el futuro. Para la resiliencia es necesario poseer una mentalidad de crecimiento —un concepto explorado por Carol Dweck, psicóloga y profesora de Stanford— donde los obstáculos y contratiempos se consideran experiencias de aprendizaje. Así, mientras la tenacidad ayuda a superar situaciones difíciles (e incluso a soportar las más complicadas), la resiliencia ayuda a recuperarse y a ser aún más fuerte que antes.

Tanto la tenacidad como la resiliencia son rasgos esenciales para tener éxito en el trabajo. Por suerte, ambos pueden aprenderse.

a. Grant, Heidi, «Nine Things Successful People Do Differently», hbr.org, 25 de febrero de 2011, https://hbr.org/2011/02/nine-things-successful-people

b. Ovans, Andrea, «What Resilience Means, and Why It Matters», hbr.org, 5 de enero de 2015, https://hbr.org/2015/01/what-resilience-means-and-why-it-matters

Courtney Cashman es editora jefe de *Harvard Business Review*.

También te enfrentaste a algo parecido en el ejército. Cuéntame cómo fue tu experiencia en cuanto a enfrentar obstáculos como aspirante a piloto en el ejército de Estados Unidos.

Desde luego que, cuando comencé, no entendía los retos a los que me enfrentaba. Entré al ejército —en concreto, a la aviación de ataque— porque quería hacer algo difícil y apasionante. Tenía veintiún años. No sé qué conocimientos tenemos a esa edad pero, por suerte, no bastan para disuadirnos de lo que puede depararnos el futuro.

Abordé con entusiasmo la aviación de ataque del ejército, por la oportunidad y por el trabajo. Claro que, cuando llegué a ese cargo y me di cuenta de los retos a los que me enfrentaría, en particular por ser una de las primeras mujeres en esa función, la situación era muy diferente a cualquiera que hubiese vivido. Desde luego que ofrecía mucho menos apoyo y seguridad de lo que estaba acostumbrada desde pequeña.

¿Qué obstáculos has encontrado a lo largo del camino?

Cuando estaba en la Universidad Duke, estudiaba inglés como asignatura principal y formaba parte del Cuerpo de Oficiales Reservistas en Entrenamiento (ROTC) del ejército. Se suponía que posteriormente recibiría mi nombramiento en la Guardia Nacional. Al final de mi último año fui a Raleigh, Carolina del Norte, para reunirme con el oficial de aviación del Estado y recibir mi asignación para los años siguientes.

Recuerdo haberme presentado frente a un coronel que tendría unos cuarenta años; estaba sentado detrás de un inmenso escritorio que parecía tan ancho como la habitación, con ventanas brillantes que se veían por detrás. Me cuadré, hice un saludo e intenté no temblar demasiado. Me hizo tomar asiento e intercambiamos algunos comentarios amables y muy formales; luego tuvimos una conversación que jamás olvidaré. En mitad de la conversación dejó de hablar, se reclinó en su silla y me dijo, mirándome con menosprecio: «Como comprenderá, cadete, usted jamás pilotará un avión de ataque».

Reconocí el comentario por lo que era, mezquino y agresivo, ya que en ese entonces —era el año 1993— las mujeres no tenían permitido pilotar aviones de ataque. Pero también comprendí, en mi muy incipiente carrera militar, que hay momentos en los que solo se puede responder: «Sí, señor», así que eso hice. Más tarde volví al destacamento del ROTC de Duke y solicité el traslado de la Guardia Nacional al servicio activo.

Esa misma primavera, el Congreso suprimió la cláusula de exclusión de combate para la aviación. De pronto surgió la posibilidad de que tanto mujeres como hombres pudieran ser pilotos. Así que me presenté en Fort Rucker ese mismo año.

En esa reunión con el coronel... fue un momento en el que mucha gente habría renunciado a todo, ¿verdad? ¿O habría aceptado el poder de las autoridades?

Una parte muy importante del proceso de desarrollo de la tenacidad es decidir que eres *tú* quien está a cargo de tu propia historia, ninguna otra persona. Serás tú la persona que decida cuál va a ser tu relato. No puedes elegir la materia prima, pero sí puedes decidir cómo utilizarla. Mucha gente no lo hace.

¿Cómo das ese primer paso?

Se trata de enfocarse en el objetivo final y en cuál es el propósito. Cuando la atención está puesta en ese propósito esencial —tener éxito, contribuir de una manera valiosa— es posible no preocuparse tanto por los obstáculos. Es una elección en cuanto a dónde poner tu atención.

¿Por qué es tan importante enfocarse en la historia propia?

En realidad, el modo en que entendemos la información es en forma de una historia. El hecho de reflexionar sobre nuestras propias historias —para comprender los lugares en los que crecimos, entender nuestros puntos fuertes, saber dónde hemos superado los obstáculos— pasa a formar parte de nuestra manera de abordar los retos futuros, o incluso los actuales. Se trata de reflexionar y decir: «¡Qué bien he superado este momento tan difícil! Desarrollé esa fortaleza, o me di cuenta de que había una forma de sortear este obstáculo». De esta manera puedes encontrar diferentes maneras de negociar los retos a los que te enfrentas hoy; es un trabajo de vital importancia.

No solo comprendes la materia prima que recibiste, sino que observas cómo convertiste la materia prima de tu vida en tu relato. Porque tienes la posibilidad de elegir. Puedes decir: «Fui víctima de esta circunstancia» o «Pude superar esta situación. Fui capaz de salir adelante».

Cuando realizas ese trabajo y decides cómo será el marco narrativo de esa historia de tu vida, puedes sacar provecho de sus fortalezas. Puedes comprender tus valores y cómo avanzar en función de esos valores de una manera que te fortalezca para lo que podrías estar afrontando hoy o lo vayas a afrontar en el futuro.

Conoces muy bien tu propia historia. ¿Cómo ayudas a las personas a desentrañar cuál es su historia, para que sepan con qué deben comprometerse?

Sugiero una serie de ejercicios tácticos. Uno de ellos consiste en comenzar con lo que a veces se denomina una *línea de viaje*, o una *línea de vida*: observa las experiencias principales de tu vida, asimílalas y comprende verdaderamente su materia prima, y ponlas por escrito. Luego estudia lo que has escrito, para entender qué relación tiene con tus valores esenciales y con tu propósito esencial y cómo los afecta.

Otro de los ejercicios que me encantan profundiza en tu propósito esencial. Es un trabajo interno bastante profundo; no se trata de un análisis superficial. Requiere tiempo y espacio para que pienses en ello... y vuelvas a pensarlo una y otra vez. Toyota desarrolló este ejercicio, que se denomina los «Cinco porqués». Pregúntate *por qué* haces algo, no una sino cinco veces: un *por qué* para cada respuesta que se te ocurra. Investiga en profundidad ese *por qué* que no es específico del trabajo ni de una tarea, sino que está conectado de verdad con quién eres como persona. Debes establecer esa fuerte conexión que solo te pertenece a ti antes de poder aplicarla a cualquier tarea, a cualquier empresa y a cualesquiera sean la misión, los valores y los objetivos de la empresa.

En mi caso, esa conexión es el servicio y servir a los demás. Cuando era pequeña, preparábamos comida para las personas desfavorecidas; visitábamos residencias para ancianos. El concepto de contribución y de devolver a la sociedad se convirtió en una parte muy importante de quien soy. Conectarme con ese propósito me permite superar los momentos difíciles o frustrantes, o ambos.

¿Hubo algún momento de tu carrera militar en el que tropezaste con obstáculos, y el hecho de recordar esa idea esencial de servicio te ayudó a superarlos?

El mejor ejemplo que puedo darte es quizá el menos atractivo, pero también es con el que más me identifico. A los veintitrés años me destinaron por primera vez a Fort Bragg, Carolina del Norte: era mi primer destino.

Estaba cualificada para pilotar el helicóptero Apache. Tenía mucha emoción y me sentía preparada para volar y estar al mando. Pero cuando llegué al Regimiento de Aviación 229 había dos batallones: ciento veinte pilotos eran hombres; yo era la única mujer. No me asignaron a un pelotón donde iba a pilotar y poner en práctica el oficio que acababa de aprender, sino como asistente del oficial de operaciones.

Un trabajo de oficina.

Ni más, ni menos. Y mi tarea no consistía, por ejemplo, en teclear órdenes de operaciones que era el trabajo más interesante, sino en redactar los apéndices de las órdenes de operaciones.

Desde niña me inculcaron que debía esforzarme al máximo en mi trabajo, así que eso hice. Estaba muy bien considerada en mi trabajo, así que me dirigí al capitán con el que trabajaba y manifesté: «Señor, voy a seguir esforzándome en mi trabajo, pero me preguntaba cuándo habría una vacante en el pelotón». El capitán me miró y dijo: «Teniente, el ejército no le debe nada».

Así que continué haciendo mi trabajo. Entonces, poco después, sin motivo alguno, nos reunieron a todos un sábado para realizar juntos un taller de operaciones. El comandante con el que trabajábamos me miró y bromeó: «No se preocupe, teniente, para cuando tenga veinticinco años ya estará casada».

No le respondí: «Sí, señor», como a aquel coronel en Raleigh. A la semana siguiente fui a ver al comandante y le dije: «Señor, voy a seguir esforzándome en el trabajo que me asignaron, pero creo que puedo hacer más». Pareció sorprendido. Entonces me asignó una responsabilidad adicional tras otra. Y, finalmente, pasé a integrar el primer pelotón de vuelo.

Pienso en esa época y en cómo esa experiencia se puede aplicar a las personas y empresas con las que tengo la oportunidad de hablar en todo el país y en todo el mundo. Hablo constantemente con personas que no saben qué respuesta dar cuando alguien les dice: «El ejército no le debe nada», o «Para cuando tenga veinticinco años ya estará casada». Solo creen que es por eso que están atascadas.

Creo firmemente que tenemos la oportunidad de superar esas situaciones cuando somos dueños de nuestra historia, cuando profundizamos en nuestro propósito esencial y aprendemos a tener el valor de pedir lo que queremos una y otra vez. Cada oportunidad que tuve en el ejército, la tuve que pedir. Por supuesto, primero tuve que ganármela, pero después tuve que pedirla. Es una lección muy importante en todo este proceso.

¿Cómo se perfecciona la tenacidad? Y cuando existen contratiempos o algo se interpone en tu camino, ¿cómo se desarrolla?

Existen tres fases diferentes. La fase de *compromiso* es aquella de la que ya hablamos: ser dueño de tu propia historia y profundizar en tu propósito esencial.

La segunda fase consiste en *aprender*, y la tercera, en *lanzarse*. En esa segunda fase de aprendizaje hay algunos aspectos importantes que responden a tu pregunta. Uno de ellos es desarrollar tu equipo, o crear tu círculo, porque las personas que no te apoyan deben salir de él. Pero necesitas tener un equipo: ninguno de nosotros puede hacerlo solo. Es fundamental cuando los tiempos se ponen difíciles.

¿Es un concepto equivocado que la tenacidad es una cualidad individual?

A veces sí. Todos hemos tenido experiencias en las que, si queremos que las cosas salgan bien, las hacemos solos. Sin embargo, ni la mentalidad ni la realidad de esa afirmación son sostenibles. Quizá sea algo que pueda hacerse a corto plazo, pero no es una solución sostenible a largo plazo.

Cuando se habla de tenacidad —y volvemos a la definición de Angela Duckworth— se habla de «pasión y perseverancia en pos de objetivos a largo plazo». O, si es «determinación tenaz», hay un aspecto de sostenibilidad que debe entrar en juego. No puede hacerse solo. Es necesario construir ese equipo.

Sin embargo, existen maneras muy concretas de desarrollar tenacidad y resiliencia. Aprovecho muchas enseñanzas del programa de maestría de formación en resiliencia que imparte el Ejército, que fue desarrollado en la Universidad de Pensilvania como parte del programa de psicología positiva. Se han dedicado décadas de investigación a estos programas, y hay enseñanzas muy concretas que pueden ponerse en práctica.

Para resumir una de esas enseñanzas: si queremos mejorar al realizar tareas difíciles, hay que hacer cosas difíciles. Parece algo trivial, pero hay que dar el primer paso. La próxima vez te esfuerzas un poco más, y un poco más la siguiente, y así sucesivamente. Es la verdadera forma de desarrollar el músculo de la tenacidad y la resiliencia. Y, sin duda, está al alcance de cada uno de nosotros.

SHANNON HUFFMAN POLSON es una de las primeras mujeres en pilotar el helicóptero Apache del ejército de Estados Unidos. Además de su servicio militar, obtuvo un MBA en la Tuck School of Business de Dartmouth College y durante cinco años ocupó puestos directivos y de gerencia en el sector corporativo de Guidant y Microsoft. Es fundadora de The Grit Institute y autora de *The Grit Factor: Courage, Resilience, and Leadership in the Most Male-Dominated Organization in the World* y de la autobiografía *North of Hope: A Daughter's Arctic Journey*, y habla con frecuencia sobre temas relacionados con el liderazgo, el valor, la resiliencia y la tenacidad.

CURT NICKISCH es editor jefe de *Harvard Business Review*, donde realiza podcasts y es copresentador de *HBR IdeaCast*. Obtuvo un MBA en la Boston University y anteriormente fue reportero de NPR, *Marketplace*, WBUR y *Fast Company*. Habla un alemán *ausgezeichnet* y se da atracones de podcast de historia. Encuéntralo en Twitter @CurtNickisch.

Adaptado de «To Build Grit, Go Back to Basics», *HBR IdeaCast* (podcast), el 1 de septiembre de 2020.

2

Cómo medir tu tenacidad

Thomas H. Lee y Angela Duckworth

¿Qué grado de tenacidad tienes?

Para saber qué tenacidad tienes en comparación con un grupo de más de 5000 adultos estadounidenses, responde a las preguntas de la página siguiente, asignando a cada una un número entre 1 y 5, donde 1 es «muy parecido a mí» y 5 es «nada parecido a mí». Cuenta tu puntuación y divídela por diez. No pienses demasiado en tus respuestas ni intentes adivinar cuál es la respuesta «correcta». Cuanto más sinceras sean las respuestas, más acertados serán los resultados.

Perseverancia

En una escala del 1 al 5:
1 = Muy parecido a mí
5 = Nada parecido a mí

1. Las ideas y proyectos nuevos a veces me distraen de los anteriores.	___
2. Los contratiempos no me desaniman. No me rindo con facilidad.	___
3. A menudo me fijo un objetivo, pero después decido perseguir otro diferente.	___
4. Trabajo mucho.	___
5. Me resulta difícil mantener la concentración en proyectos que tardan más de unos meses en finalizarse.	___
6. Termino todo lo que empiezo.	___
7. Mis intereses cambian de un año a otro.	___
8. Soy diligente. Nunca renuncio.	___
9. Me he obsesionado con una idea o un proyecto determinado durante un breve período de tiempo, pero después he perdido el interés.	___
10. He superado contratiempos para conquistar un reto importante.	___

Compara tus resultados con los siguientes percentiles para saber si tienes más o menos tenacidad que el promedio. Por ejemplo, si obtuviste una puntuación mínima de 4,5, tienes más tenacidad que el 90 % de los encuestados.

Puntuación de empuje	2,5	3,0	3,3	3,5	3,8	3,9	4,1	4,3	4,5	4,7	4,9
Percentil	10%	20%	30%	40%	50%	60%	70%	80%	90%	95%	99%

THOMAS H. LEE es director médico de Press Ganey. Es también profesor de política y gestión sanitaria en la T.H. Chan School of Public Health de Harvard y médico titular en el Brigham and Women's Hospital. ANGELA DUCKWORTH es titular de la cátedra Rosa Lee and Egbert Chang en la Universidad de Pensilvania y en la Wharton School. También es cofundadora, científica jefe y miembro del consejo de administración de Character Lab, una organización sin fines de lucro cuya misión es promover los conocimientos científicos que ayudan a los niños a prosperar.

Extraído de «Organizational Grit», en *Harvard Business Review*, septiembre-octubre de 2018 (producto #R1805G).

3

Cómo afrontar situaciones de mucha presión en el trabajo

Tomas Chamorro-Premuzic

Muchas cosas de las que estamos orgullosos de haber logrado en la vida son producto no solo de nuestro talento y esfuerzo, sino también de nuestra capacidad para gestionar la presión. Desde estudiar para exámenes hasta prepararnos para entrevistas de trabajo y dar discursos o presentaciones importantes, es difícil imaginar algún momento profesional decisivo que no esté impregnado de presión.

Uno de los descubrimientos más antiguos de la psicología moderna es que una cantidad moderada de presión puede aumentar el rendimiento.[1] Por ese motivo, los atletas de élite en general rinden más en las competiciones que en los entrenamientos, y los músicos profesionales se sienten más motivados frente a una audiencia que ensayando en su casa. En general, cuanto más domines una disciplina, más posibilidades tendrás de convertir la presión externa o situacional en un ingrediente que aumente tu rendimiento.

Dicho esto, cuando los niveles de presión superan nuestro umbral óptimo, estos pueden afectar de manera negativa a nuestro rendimiento, en gran parte al desviar nuestro enfoque y atención (de la tarea hacia nuestras emociones negativas), disminuir nuestra confianza y provocar estrés y ansiedad.[2] Por ejemplo, una investigación reveló que hasta el 60 % de los estudiantes experimentan ansiedad durante los exámenes, y la friolera del 93 % de la gente siente ansiedad en las entrevistas de trabajo.[3] También está el miedo a hablar en público, que se considera una de las principales fobias del mundo moderno.[4]

Entonces, ¿qué podemos hacer para aumentar nuestra capacidad para enfrentarnos a la presión, o al menos evitar que esta nos sofoque en momentos críticos de la profesión? Las siguientes son cuatro recomendaciones con base científica que pueden resultar útiles.

Conoce tu umbral

Los seres humanos somos una especie diversa desde el punto de vista psicológico. Uno de los rasgos que nos convierte en únicos es nuestra capacidad para afrontar el estrés. Algunos lo llaman *inteligencia emocional*, otros, *tenacidad* o *resiliencia*. El término académico más usado para definir esta característica es *estabilidad emocional*. Dejando de lado las etiquetas, este rasgo mejora tu capacidad para hacer frente a la presión y te vuelve más sereno y menos reactivo en cuanto a lo emocional.

Independientemente de tu propia personalidad, el primer paso para gestionar las situaciones de mucha presión consiste en entender tu nivel de tolerancia al estrés. Algunos consejos prácticos para desarrollar la autoconciencia son: recibir feedback de compañeros de confianza y amigos, evaluar tu rendimiento en diferentes situaciones de presión, estar atento a las reacciones emocionales en circunstancias potencialmente desencadenantes, y realizar una evaluación de la personalidad (como la que se encuentra en el capítulo 2).

Un primer paso sencillo consiste en elegir a uno o dos compañeros de confianza y preguntarles:

- ¿Crees que me desempeño bien bajo presión?
- ¿Parezco nervioso o tenso en situaciones de alto riesgo?
- ¿Ves algún cambio en mi comportamiento en situaciones de calma o de mucha presión?
- En general, ¿te parezco tranquilo y sereno?

Tendrás una idea más aproximada sobre tu reputación para afrontar el estrés y la presión si consultas a muchas personas, cuantas más, mejor. Tus compañeros pueden incluso señalarte algunas situaciones concretas que provocan tu respuesta de estrés de las que nunca te habías percatado.

Cualquier feedback que describa algo que desconocías sobre tu persona, y que más que querer, necesitabas oír, es de utilidad. En lo fundamental, saber qué situaciones desencadenan tu presión personal te ayudará a evitarlas o a practicar la gestión de tus reacciones en esos momentos.

Identifica tus factores desencadenantes... y practica

Cuando tengas una idea más clara de tu personalidad y de cómo esta afecta o se relaciona con tu inclinación a afrontar la presión, podrás identificar mejor los factores desencadenantes que superan tus niveles de confort habituales. ¿Te estresas cuando tu carga de trabajo es muy elevada o tienes fechas de entrega urgentes?

¿Te provoca ansiedad el hecho de no poder cumplir tus obligaciones sociales o familiares? ¿Algunos aspectos de tu estilo de vida te agobian, como una dieta poco saludable o conflictos con tu pareja afectiva, con tus compañeros de trabajo o con tus familiares?

Aunque tu potencial general para manejar la presión dependerá ante todo de tu personalidad, independientemente de si eres tranquilo o nervioso, habrá situaciones especiales que provocarán reacciones más negativas que otras, las cuales son muy personales e individuales. Por ejemplo, quizá seas de esos que nunca se estresa en el trabajo pero que se enfada fácilmente con su familia, o alguien a quien le gusta trabajar con otras personas, pero se estresa con su jefe.

Por suerte, todos podemos aprender a minimizar las situaciones de mucha presión si planificamos, establecemos prioridades, decidimos qué batallas librar y salimos de nuestra zona de confort en la medida de lo razonable; es decir, sin superar el punto de inflexión. Como sucede con cualquier habilidad o destreza, la práctica es fundamental, pero se la suele subestimar a la hora de mitigar y evitar la presión, incluso en pruebas de selección, entrevistas de trabajo y presentaciones. Las investigaciones revelan que la práctica mejora el rendimiento en todos estos casos, sobre todo porque mitiga la ansiedad.

Por ejemplo, si sabes que tu jefe te provoca estrés, evalúa cómo podrías modificar tu relación con él. Cuando te comuniques con tu jefe, elige el medio que prefieras (presencial, correo electrónico, Slack, Zoom, etc.) y el formato de la interacción. Programa con antelación una reunión individual, de manera de poder prepararte, ensayar y concentrarte. Establece algunos temas que quieras incluir en la reunión para obtener la información necesaria que te permita hacer bien tu trabajo (lo que tu jefe espera de ti, qué cosas debes entregarle y cómo debes comunicarte).

Quizá también podrías relacionarte con tu jefe de manera más informal, por ejemplo, en un almuerzo o con un café virtual. Pueden conocerse de manera informal, romper el hielo y forjar una relación sana.

En general, planificar con antelación y establecer normas de comunicación con las personas que te provocan estrés aumentará la familiaridad y previsibilidad de tus interacciones y disminuirá el estrés y la ansiedad que sientes frente a ellas. Lo mismo sucede incluso en situaciones estresantes que no se refieren a personas concretas, como hablar en público o tener entrevistas de trabajo. Cuanto más previsible sea la situación, menor será el estrés.

Utiliza estas estrategias para ayudarte en un momento determinado

Es evidente que habrá situaciones en las que la presión será inevitable y tu única opción es seguir adelante. Las investigaciones revelan que, si conviertes las siguientes prácticas en hábitos diarios o semanales, tu capacidad para gestionar la presión inminente mejorará: ejercicios de respiración, mejor calidad del sueño (sobre todo la noche anterior a un acontecimiento de mucha presión), mindfulness y meditación, actividad física y algunas técnicas de regulación emocional, por ejemplo, la reevaluación cognitiva, que consiste en aprender a reinterpretar una situación estresante para hacerla menos estresante.[5]

Dado que la cafeína aumenta la excitación nerviosa y puede agravar la ansiedad, evita tomar mucho café o bebidas energéticas antes de un acontecimiento importante. La presión que sientes en un momento determinado se debe en gran parte a tus propios pensamientos, ideas e interpretaciones. Esta es la razón por la que dos personas experimentan diferentes niveles de presión en la misma situación, y por la que una taquicardia puede ser una señal de actividad física intensa o de ansiedad. La diferencia no estriba en lo que hace tu cuerpo, sino en lo que hay en tu cabeza.

La presión y el estrés, tanto como la ira o la felicidad, son sobre todo estados de ánimo. Cuando el estrés se presenta de forma inesperada a pesar de tus esfuerzos, puedes restar importancia a la gravedad de la situación pensando menos en ti mismo, enfocándote en algo o en alguien, tratando de disfrutar de ciertos aspectos de la situación e intentando dar una imagen positiva de ti mismo, como mostrando humor, sinceridad o vulnerabilidad.

Por ejemplo, si sientes nervios durante una entrevista de trabajo, quizá sea mejor que lo admitas en lugar de tratar de ocultarlo o fingir seguridad. Si dices algo como: «Perdón, pero los nervios me están jugando una mala pasada. Discúlpeme, pero voy a respirar hondo unas cuantas veces para tranquilizarme», puede ser una mejor táctica para suscitar solidaridad que la negación o el engaño. Cuando recuperes la serenidad, sigue recurriendo a la táctica de la sinceridad: habla de tu interés por el trabajo, expresa por qué te apasiona y no te preocupes por responder o provocar una buena impresión. Al fin y al cabo, si el trabajo te importa de verdad —lo cual explicaría tu nerviosismo—, será más eficaz encontrar una manera sincera de transmitirlo.

Recuerda que todos nos ponemos nerviosos, excepto las personas demasiado seguras de sí mismas.

Las personas con las que merece la pena trabajar preferirán la humildad antes que el narcisismo. No te obligues a ser alguien que no eres bajo ningún punto de vista. Cuando sobrevengan los nervios, convierte tu auténtica vulnerabilidad en una expresión sincera de quién eres.

No evites toda la presión

Es conveniente mantener cierto nivel de presión en tu vida, que te obligará a desarrollar fuerza, tenacidad y resiliencia; garantizará que se activen tus instintos competitivos y que salgas de tu zona de confort para conseguir mayores logros. Si no experimentas ninguna presión, es probable que tus objetivos no sean muy elevados.

Existen infinidad de situaciones que demuestran que sentirse poco presionado puede perjudicar tu desempeño: estar aburrido en el trabajo, no tener interés en impresionar a otras personas o desempeñar una tarea tan fácil que ni siquiera debes concentrarse. Únicamente si pones a prueba tus límites podrás conocer tu talento, ampliar tus horizontes en forma consciente y desarrollar tu potencial.

No existe mejor feedback que el fracaso, y fracasar en algo difícil e importante es el mejor incentivo para recuperarte y convertirte en una mejor versión de ti mismo.

En resumen, la presión es parte importante de la vida, y aprender a gestionarla de forma adecuada te beneficiará. Aunque es más un arte que una ciencia, puedes aprovechar algunas de estas sugerencias basadas en la ciencia para practicar algunas maneras más eficaces de gestionar el estrés y la presión.

TOMAS CHAMORRO-PREMUZIC es director de innovación de ManpowerGroup, profesor de psicología empresarial en el University College de Londres y en la Universidad de Columbia, cofundador de deepersignals.com y asociado del Entrepreneurial Finance Lab de Harvard. Es autor de *Why Do So Many Incompetent Men Become Leaders? (and How to Fix It)*

(Harvard Business Review Press, 2019), en el cual está basada su charla TEDX. Su último libro es *I, Human: AI, Automation, and the Quest to Reclaim What Makes Us Unique* (Harvard Business Review Press, 2023). Encuéntralo en www.drtomas.com y síguelo en Twitter @drtcp.

Notas

1. Nickerson, Charlotte, «The Yerkes-Dodson Law of Arousal and Performance», *Simply Psychology*, 15 de noviembre de 2021, https://www.simplypsychology.org/what-is-the-yerkes-dodson-law.html
2. Wang, J. y otros, «Self-Consciousness and Trait Anxiety as Predictors of Choking in Sport», *Journal of Science and Medicine in Sport 7*, N.° 2 (2004): 174-185; Baumeister, Roy F. y Showers, Carolin J., «A Review of Paradoxical Performance Effects: Choking Under Pressure in Sports and Mental Tests», *European Journal of Social Psychology 16*, N.° 4 (1986): 361–383.
3. Phan, Hilary, «A Student's Perspective on Test Anxiety», UCLA Center for Mental Health in Schools, http://smhp.psych.ucla.edu/pdfdocs/testanx.pdf; Babu, Sandeep, «93 % of People You Interview for a Job Feel Anxious», Small Business Trends, 11 de mayo de 2020, https://smallbiztrends.com/2020/05/job-interview-anxiety-survey.html
4. Babu, «93 % of People You Interview».

5. «Relaxation Techniques: Breath Control Helps Quell Errant Stress Response», Harvard Health Publishing, 6 de julio de 2020, https://www.health.harvard.edu/mind-and-mood/relaxation-techniques-breath-control-helps-quell-errant-stress-response; Goldin, Philippe R. y Gross, James J., «Effects of Mindfulness-Based Stress Reduction (MBSR) on Emotion Regulation in Social Anxiety Disorder», *Emotion* 10, N.° 1 (2010): 83–91; «Exercise and Stress: Get Moving to Manage Stress», Mayo Clinic, 3 de agosto de 2022, https://www.mayoclinic.org/healthy-lifestyle/stress-management/in-depth/exercise-and-stress/art-20044469; Troy, Allison S. y otros, «Seeing the Silver Lining: Cognitive Reappraisal Ability Moderates the Relationship Between Stress and Depressive Symptoms», *Emotion* 10, N.° 6 (2010): 783–795.

Adaptado a partir del contenido publicado en Ascend, hbr.org, el 25 de mayo de 2022.

4

Cómo convencerte a ti mismo de hacer cosas difíciles

David Rock

Si le preguntas a cualquiera cómo se siente hoy en día, lo más probable es que responda «estoy exhausto» o algo parecido. Estamos cansados de operar en medio de la incertidumbre; de hacer equilibrio entre el hogar y el trabajo; de tener demasiado trabajo y muy poco tiempo.

Cuando nos sentimos de esta manera, nuestros cerebros quieren ahorrar energía mental y centran la atención en la información más a mano y fácil de recordar, que nos ayuda a tomar decisiones rápidas. Muchas veces lo hacemos por instinto y a base de conjeturas.

Esto se denomina *sesgo de conveniencia*: precipitarse a juzgar sin considerar bien todas las variables. El cerebro hace esto porque es mucho más fácil procesar ideas existentes que ideas nuevas, un principio que en psicología se denomina *fluidez*. En consecuencia, muchos nos inclinamos de forma natural a hacer simplemente lo que nos parece correcto.

También entra en juego el principio de *hedonismo*: estamos predispuestos a acercarnos a las cosas que nos hacen sentir bien y a alejarnos de las que nos hacen sentir incómodos.[1] Nuestro cerebro considera que el esfuerzo es malo porque es difícil. Por defecto se inclina por lo que percibe que es «normal»: las redes que nos informan dónde y cómo desplazarnos por nuestra existencia cotidiana. Esas redes están tan arraigadas en nuestro pensamiento que cuando recorremos un camino nuevo y desafiante —independientemente de cuál sea ese camino— volvemos al sendero ya transitado.

Sin embargo, sabemos que las acciones difíciles pueden traer enormes beneficios, aunque quizá no sean evidentes durante algún tiempo. Imagina que quieres comenzar una nueva actividad física. Quizá has tenido una idea *(si puedo correr un kilómetro, tendré más energía para jugar con mis hijos pequeños*) que genera un impulso para la acción. O, tal vez, un médico te haya dicho que debes cambiar tu estilo de vida, o aparece un incentivo que te anima.

Pero cuando vas a correr, no te sientes tan bien. Tampoco la siguiente vez que vas a correr, ni la siguiente. Te duelen los músculos. El plan te impide pasar el tiempo que antes dedicabas a ponerte al día con tus amigos. El dinero que has gastado en la nueva actividad provoca fricciones en tu hogar. Las desventajas se acumulan y siguen señalando todas las razones por las que deberías volver a tu estado anterior: cuando no te dolían los músculos, cuando ibas de copas con tus amigos, cuando no discutías con tu pareja por gastar dinero en una suscripción al gimnasio.

Entonces, ¿cómo realizamos tareas difíciles cuando nuestros cerebros nos dicen constantemente que evitemos el esfuerzo?

En primer lugar, hay que afrontarlas cuando estamos de buen humor. Las investigaciones han revelado que, cuando las personas están disgustadas, es menos probable que intenten realizar tareas difíciles.[2]

Sin embargo, cuando están alegres, es más probable que se ocupen de tareas difíciles pero esenciales que, en última instancia, mejoran la calidad de vida. Una forma de tener la mentalidad correcta es hacer algo que se denomina «revaluación», donde producimos un cambio en nuestro cerebro acerca de cómo *percibimos* una tarea. La revaluación puede ser sumamente eficaz cuando elegimos una palabra o frase sencilla y pegadiza que indique dónde queremos estar. Por ejemplo, si te convences a ti mismo de que te sentirás mejor si pones por escrito este nuevo proceso, podría ser suficiente para sacar a tu cerebro de un círculo vicioso e improductivo.

En segundo lugar, debemos dar a nuestros cerebros la cantidad adecuada de autonomía. Cuando podemos elegir, nuestro cerebro suele decidirse por algo fácil. Sin embargo, podemos mitigar esa respuesta esforzándonos por ser innovadores y proporcionar incentivos. Por ejemplo, en lugar de pensar en elegir algo saludable para comer, hazte la siguiente pregunta: ¿Pido esta ensalada fresca, *que me dará energía, o este donut, que la última vez me sentó mal y me dio sueño?* Trasládalo a un contexto de trabajo: *¿Quiero experimentar con una nueva herramienta de gestión de proyectos, que podría facilitarle el trabajo a mi equipo la semana próxima, o quiero seguir usando la misma hoja de cálculo, creada por un exempleado y que a nadie le agrada?*

Por último, podemos llevar a cabo tareas difíciles si practicamos el hábito de una mentalidad de crecimiento y advertimos cuándo volvemos a las antiguas formas de pensar y comportarnos. Para cuestionar los patrones o sistemas que permiten o impiden que los nuevos hábitos se arraiguen, viene bien tener el apoyo de otras personas. Una forma de obtenerlo es compartir experiencias, en un entorno en el que los intentos se valoren tanto como los resultados. Por ejemplo, hace poco, un equipo de ejecutivos intentó dejar las mañanas libres de reuniones para poder trabajar mejor. Algunos tuvieron éxito, mientras que otros prefirieron dejar sus análisis más profundos para la tarde. Un mes después de experimentar con ese horario, el equipo decidió que no funcionaba bien debido a los diferentes husos horarios. Se decidieron por una táctica diferente: dejar solo los lunes por la mañana libres de reuniones. Luego de reconocer el avance logrado por probar un nuevo hábito, el equipo pudo seguir experimentando en lugar de volver a las viejas costumbres.

Hacer cosas que parecen incómodas y sentirnos a gusto con el trabajo difícil puede parecer contraintuitivo, pero si comprendemos lo que pensamos en lugar de lo que sentimos, podemos esforzarnos por acometer tareas difíciles y gestionar mejor nuestros miedos.

DAVID ROCK es cofundador del NeuroLeadership Institute y autor de *Your Brain at Work*.

Notas

1. Taquet, Maxime y otros, «Hedonism and the Choice of Everyday Activities», PNAS 113, N.° 35 (2016): 9769-9773.
2. Taquet, «Hedonism and the Choice of Activities».

Adaptado a partir del contenido publicado en hbr.org
el 7 de diciembre de 2021 (producto #H06Q8Z).

5

«Los mentores fueron los que me ayudaron a sobrevivir»

Una entrevista de Alison Beard a Misty Copeland

Desde su primera clase de ballet cuando tenía trece años, Misty Copeland se propuso ser bailarina profesional. Al ser de raza negra e iniciarse en una disciplina con predominio de artistas blancos, valorados en su mayoría por público de raza blanca, sabía que tenía pocas probabilidades de lograrlo. Sin embargo, siguió esforzándose, ingresó al American Ballet Theatre (ABT) y en 2015 se convirtió en la primera bailarina principal negra. Abrió camino en la interpretación de personajes como Clara y Julieta, publicó varios libros, abogó por más diversidad en las artes y está dedicada a la creación de una fundación benéfica.

Alison Beard: *¿Por qué elegiste el ballet como profesión?*

Misty Copeland: Me encanta el sentido de estructura que me brindó el ballet desde pequeña, que me ayudó a atravesar los vericuetos de mi vida y mi profesión, como bailarina, escritora, activista, y en mi empresa de producción. Sí, amo actuar y estar en el escenario, pero el ballet también me hizo sentir que formaba parte de algo superior a mí misma. Me ofreció una salida y un escape de las circunstancias en las que me crie. La disciplina, el rigor, el sacrificio... son experiencias hermosas que los niños en particular deberían vivir, no necesariamente para convertirse en profesionales, sino para desarrollarse como personas. Desde luego que hay muchas cosas sobre la cultura del ballet que creo que deben revaluarse, pero el ballet me brindó muchas herramientas para ser líder en mi comunidad. En el centro de esta disciplina artística de cientos de años de antigüedad hay una técnica y una estructura que forman a ese tipo de persona.

Procedes de un hogar por momentos inestable desde el punto de vista económico. También fuiste una chica negra intentando abrirse camino en un terreno dominado por personas de raza blanca. ¿Cuándo supiste que podías superar esos retos y convertirte en bailarina profesional?

Como empecé a los trece años, es decir, muy tarde, lo supe de inmediato. Ese fue el plan. Mi profesora, Cynthia Bradley, me dio la oportunidad de formarme para ser bailarina profesional. Su actitud fue: *Tienes potencial y voy a apostar por ti, porque creo que puedes dedicarte profesionalmente al ballet.* Así que, durante la primera semana de clases —en un campo de básquet del Boys & Girls Club— decidí que quería bailar en el American Ballet Theatre. Ese fue mi objetivo, y cuatro años después estaba en Nueva York, sobre el escenario del Lincoln Center.

Es mucha presión para una niña de trece años, sobre todo cuando bailas con niños que se iniciaron a los tres años de edad. ¿Cómo hiciste para sobrellevarlo?

Nunca lo consideré presión, creo que se debió a que era muy ingenua acerca del mundo del ballet, y mi familia también: para todos era un mundo nuevo. Sin embargo, después de ingresar, pensé: «*No podré seguir adelante si el ballet no forma parte de mi vida*». Estaba muy inmersa en el ballet todos los días, y obtenía cosas a las que antes no tenía acceso, por ejemplo, estabilidad y cierta liberación que no era capaz de comunicar. Eso me permitió florecer y crecer, y sentí que, por primera vez, era buena en algo. Era divertido, jamás fue una tarea abrumadora. Creo que tenía catorce años cuando vi por primera vez un espectáculo en vivo del ABT en Los Ángeles, y lo único que pensé fue: *Este es mi futuro*. Me enamoré tanto del ballet, que se convirtió en algo que tenía que hacer.

Tu ascenso fue muy rápido. Pero tuviste contratiempos: tu cuerpo cambió al final de la adolescencia, sufriste las primeras lesiones. ¿Cómo lo superaste?

Fue sumamente difícil. Es verdad que mi trayectoria fue única, pero es habitual que se considere prodigios a los atletas y artistas jóvenes; luego la realidad de su evolución no concuerda con las expectativas. En el mundo del ballet, podemos llegar a la esfera profesional entre los dieciséis y los diecinueve años, cuando nuestros cuerpos siguen cambiando y aún estamos aprendiendo lo que queremos ser; por eso necesitamos una mejor estructura de apoyo. Los mentores fueron los que me ayudaron a sobrevivir. Hay muchos bailarines que no superan —o no pueden superar— ese obstáculo porque no tienen personas que las guíen. Tuve mucha suerte de contar con personas que querían estar a mi lado.

¿Cómo encontraste a esos mentores?

Mi primera maestra de ballet, Cynthia Bradley, y Elizabeth Cantine, la maestra de la escuela pública que me presentó a Cindy, siguieron a mi lado. Más tarde, cuando me mudé a Nueva York, tuve la compañía de unas mujeres negras increíbles que llegaron a mi vida como ángeles. Es algo innato en la cultura afroamericana: cuando somos tan pocos los que ocupamos ciertos espacios y las oportunidades son limitadas, quieres quedarte ahí como apoyo. Victoria Rowell fue una de las primeras. Era actriz, pero antes fue bailarina clásica en la compañía junior del ABT. Ella no tuvo la misma oportunidad que yo, así que se arriesgó a ejercer otra forma de arte. Sin embargo, por ser negra comprendió ese camino y me tendió la mano: cuando el ABT se presentó en Los Ángeles, dejó una nota para mí en el tablón de anuncios de la puerta del escenario. Me invitó a su casa y me habló como a un ser humano: «Yo pasé por esto». Eso me abrió las puertas para entender que había muchas otras personas con las cuales podía conectarme, que aunque fui la única mujer negra en el ABT durante la primera década de mi carrera, no debía sentirme sola. Más tarde conocí a Susan Fales-Hill, directora de la junta directiva del ABT. Ella quiso acompañarme para que yo pudiera mantener la calma de forma saludable. Y luego siguieron muchas más.

Aun así, me imagino que debe de haber sido difícil ser «la única» durante tanto tiempo. ¿Cómo lidiaste con eso, y con la carga de verte obligada a servir de modelo?

Sí, durante esos diez años hubo microagresiones —a veces, todos los días— y muchas veces estuve a punto de renunciar. Sin embargo, uno de mis dones salvadores fue mi capacidad para dar un paso atrás, observar y aprender, en especial de los hombres negros que pasaron por el ABT. Vi cómo reaccionaban ellos cuando no se les ofrecían oportunidades, observé la interacción con sus homólogos blancos y cómo se desarrollaban sus carreras. Aprendí a desenvolverme y a plantear cuestiones al personal artístico, y a que me escucharan y aceptaran sin ser muy agresiva, que es el concepto que tienen de nosotros. Es mejor no enfadarse ni disgustarse, de lo contrario serás la «mujer negra airada». Tampoco llorar, porque te verán débil o demasiado sentimental. Aun así, fui muy franca y clara sobre lo que me ocurría, y nunca oculté el hecho de que esas situaciones estaban relacionadas con mi raza. A medida que mis extraordinarios mentores fueron llegando a mi vida, aprendí a perfeccionar aún más esas conversaciones y a lograr que la empresa hiciera más. La presión de representar a otros llegó después, cuando estuve más expuesta y fui la bailarina principal.

¿Qué fue necesario para llegar a ese papel de bailarina principal, es decir, a la cima de tu carrera?

Paciencia, constancia, permitirme ser abierta y vulnerable, lo suficiente como para seguir aprendiendo y creciendo, y ser fuerte cuando se me presentaban obstáculos, como cuando ciertos papeles para los que evidentemente debería haber sido elegida se adjudicaron a otros. Fue creer que mi camino nunca fue directo ni parecido al de otras personas. No me deprimí ni pensé que tenía demasiada edad para que me promovieran; *¡de ninguna manera! En cambio, me dije a mí misma: Bien, hice todo esto a mi propio ritmo, así que voy a seguir haciéndolo y a esforzarme para llegar adonde quiero llegar.* También me ayudó el hecho de que Alexei Ratmansky, que ingresó como coreógrafo del ABT, viera el potencial que había en mí y me diera el papel protagonista en su versión de *El pájaro de fuego*, sin limitarse a seguir las pautas de todas las compañías, que pensaban que yo no encajaba en el molde. El público que vino a ver el espectáculo porque yo era negra y joven fue diferente de lo que el mundo del ballet había visto antes, y cambió la perspectiva de lo que yo podía hacer para la compañía.

¿Qué consejo les das a las bailarinas prometedoras de las que ahora eres mentora?

Les recuerdo que no se trata de los videos que publiques o de los «me gusta» que recibes en las redes sociales, sino del esfuerzo que haces. No puedes subir al escenario y ser la bailarina y la artista que quieres ser si no estás preparada y centrada, y no tienes los pies sobre la tierra.

MISTY COPELAND es bailarina principal del American Ballet Theatre y autora de *The Wind at My Back, Life in Motion, Ballerina Body, Black Ballerinas* y el libro ilustrado para niños *Bunheads*, todos bestsellers del *New York Times*, así como del galardonado libro infantil *Firebird*. ALISON BEARD es editora ejecutiva de *Harvard Business Review*, y anteriormente trabajó como reportera y editora en *Financial Times*. Síguela en Twitter @alisonwbeard.

Extraído de «Life's Work: An Interview with Misty Copeland», en *Harvard Business Review*, julio-agosto de 2022 (producto #R2204P).

6

Cuándo ser tenaz... y cuándo abandonar

André Spicer

En 2018, cuando Vontae Davis abandonó el campo de fútbol americano en el descanso, los Buffalo Bills perdían 28 a 6 ante Los Angeles Chargers. Pero en lugar de reagruparse con sus compañeros de equipo, el esquinero de los Bills abandonó el fútbol definitivamente, en ese mismo instante. Esa misma noche, Davis anunció su retirada en las redes sociales, y declaró: «[...] hoy, en el campo de juego, me choqué de lleno con la realidad: Ya no debo estar en el campo de juego». Muchos se indignaron, incluido el apoyador de los Bills, Lorenzo Alexander: «Es una completa falta de respeto a sus compañeros de equipo». Otros no estuvieron de acuerdo, y consideraron que Davis era «un maldito héroe de la clase trabajadora».[1]

Aunque poco ortodoxa, la abrupta retirada de Davis a mitad de partido provocó fuertes emociones por distintos motivos, y también una pregunta que muchos nos hacemos: *¿Cuánto tiempo debo persistir en algo?* Por suerte no dependemos de los comentaristas de la NFL para encontrar respuestas a esta pregunta.

Durante los últimos años, la perseverancia ha estado recibiendo mucho apoyo desde distintas escuelas de investigación. Una de ellas es la de los psicólogos que estudian la tenacidad: han descubierto que la capacidad de perseverar en una tarea —en especial cuando se afrontan dificultades— es un factor crucial en el éxito de todos, desde los niños en el concurso nacional de deletreo hasta los reclutas de West Point o los estudiantes universitarios de la Ivy League.[2]

También está la idea de que perseverar frente a la adversidad puede impulsar el aprendizaje y mejorar las habilidades. El trabajo de Carol Dweck sobre mentalidad de crecimiento ha revelado que la gente que enfrenta los retos y las limitaciones como una oportunidad para desarrollarse y aprender tiende a obtener mejores resultados a largo plazo; se empeña frente a los retos, y como recompensa recibe una serie de habilidades más profunda y amplia.

Sin embargo, otras investigaciones cuestionan los resultados de esta encuesta. En un metaanálisis de estudios en los que participaron más de 66.000 personas se descubrió que existía una correlación solo moderada entre la tenacidad y el rendimiento.[3] En otro estudio de más de 5600 estudiantes que realizaban pruebas de aptitud escolástica se descubrió que no existía ninguna relación entre la mentalidad de crecimiento y las puntuaciones obtenidas en las pruebas.[4] No era más probable que las personas con mentalidad de crecimiento mejoraran si volvían a hacer la prueba, ni tampoco que intentaran siquiera realizarla otra vez.

De hecho, existen numerosos trabajos que indican que la perseverancia podría tener un aspecto negativo y perjudicial. No darse por vencido podría significar que las personas persisten incluso cuando no tienen nada que ganar. En un estudio, a un grupo de personas que trabajaban en una plataforma en línea se les encomendó una tarea muy aburrida.[5] Los investigadores descubrieron que las que declararon ser muy persistentes siguieron realizando la tarea a pesar de que era aburrida y no tenían mucho que ganar en términos de recompensa monetaria. Así, aunque podría ser beneficioso persistir en tareas valiosas y gratificantes, las personas que no suelen renunciar continúan realizando tareas inútiles sin interés ni recompensa, y en última instancia desperdician su tiempo y su talento.

Seguir obsesionado con metas preciadas también puede significar que la gente ignore alternativas mejores. Un excelente ejemplo de ello son los jugadores de béisbol de las ligas inferiores,[6] que a menudo reciben un salario bajo y tienen poca seguridad laboral, pero viven con la esperanza de ser descubiertos y llegar a las grandes ligas. Solo alrededor del 11 % de los jugadores harán esa transición. El 89 % restante quedará estancado durante años: si dejaran de jugar béisbol, tendrían más posibilidades de encontrar un empleo alternativo más seguro, con mejor salario y una trayectoria profesional más definida. Es decir, al permanecer bajo el hechizo de su sueño, son incapaces de explorar otras posibilidades que podrían ser más lucrativas.

El hecho de que las personas no estén dispuestas a renunciar puede hacer que estén perpetuamente insatisfechas, incluso cuando terminan obteniendo lo que creían que querían. Esto se reflejó en un estudio sobre estudiantes universitarios a punto de graduarse que buscaban trabajo.[7] Los investigadores descubrieron que los estudiantes con tendencia a «maximizar» sus opciones y que se obsesionaban por conseguir el mejor trabajo posible acabaron obteniendo un 20 % más en términos de salario. No obstante, en general estaban más insatisfechos con el trabajo que conseguían, y el proceso para obtener el empleo les parecía más complicado.

La renuencia a abandonar un plan puede ser algo más que solo ingrato; en ciertas situaciones, puede llegar a ser de verdad peligroso. Esto ocurre cuando la persistencia de las personas las lleva a insistir en acciones perdedoras, o incluso a redoblar sus esfuerzos. Un estudio reveló que las personas especialmente tenaces eran menos propensas a rendirse ante el fracaso.[8] Era más probable que estas mismas personas estuvieran dispuestas a sufrir pérdidas monetarias con tal de poder continuar desempeñando una tarea. En otro estudio sobre aspirantes a inventores se descubrió que más de la mitad seguía con su invento incluso después de recibir información fiable sobre su inutilidad, y mientras tanto seguían invirtiendo más dinero en el proyecto.[9] La lección es que las personas que tienden a ser tenaces son también las que quedan atrapadas en actitudes perdedoras.[10]

El no poder desprenderse de objetivos preciados pero inalcanzables también puede ser negativo para la salud mental y física.[11] Las personas a las que les cuesta desvincularse de metas imposibles tienden a sentir más estrés, mostrar más síntomas de depresión, sufrir pensamientos perturbadores y tener dificultades para dormir. Muestran un mayor porcentaje de eczema, dolores de cabeza y problemas digestivos. Obsesionarse por objetivos inalcanzables también se relaciona con niveles elevados de cortisol (que con el tiempo se asocia con aumento de peso, hipertensión, estado de ánimo negativo y problemas de sueño) y niveles más altos de proteína C reactiva (que se vincula con la inflamación del organismo).

Entonces, cuando te preguntes si debes persistir en una tarea u objetivo o abandonarlo, evalúa el potencial de aprendizaje y desarrollo en forma progresiva frente a los costos, los peligros y la miopía que puede ocasionar una perseverancia obstinada.

ANDRÉ SPICER es profesor de comportamiento organizativo en la Cass Business School de Londres y autor de *Business Bullshit*.

Notas

1. Stites, Adam, «Vontae Davis Had a Good Reason for Retiring at Halftime of the Bills Game», SBNation, 19 de septiembre de 2018, https://www.sbnation.com/2018/9/16/17867470/vontae-davis-bills-retired-quit; Stevens, Matt y Bailey, Jason M., «Vontae Davis

of Buffalo Bills Retires During an NFL Game», *New York Times*, 16 de septiembre de 2018, https://www.nytimes.com/2018/09/16/sports/football/vontae-davis-halftime-retirement.html; Van Bibber, Ryan, «Vontae Davis Quitting in the Middle of a Game Makes Him a Goddamn Working Class Hero», SBNation, 17 de septiembre de 2018, https://www.sbnation.com/nfl/2018/9/17/17869260/vontae-davis-retired-quitting-buffalo-bills-middle-of-a-game-working-class-hero

2. Duckworth, Angela L. y otros, «Grit: Perseverance and Passion for Long-Term Goals», *Journal of Personality and Social Psychology* 92, N.° 6 (2007): 1087–1101.
3. Credé, Marcus, Tynan, Michael C. y Harms, Peter D., «Much Ado About Grit: A Meta-analytic Synthesis of the Grit Literature», *Journal of Personality and Social Psychology* 113, N.° 3 (2017): 492–511.
4. Bahník, Štˇepán y Vranka, Marek A., «Growth Mindset Is Not Associated with Scholastic Aptitude in a Large Sample of University Applicants», *Personality and Individual Differences* 117, N.° 15 (2017): 139–143.
5. Halkjelsvik, Torleif y Rise, Jostein, «Persistence Motives in Irrational Decisions to Complete a Boring Task», *Personality and Social Psychology Bulletin* 41, N.° 1 (2014): 90–102.
6. Dubner, Stephen, «Freakonomics: When It's Good to Quit», *Marketplace* (podcast), 28 de junio de 2011, https://www.marketplace.org/2011/06/28/life/freakonomics-radio/freakonomics-when-its-good-quit/

7. Iyengar, Sheena S. y otros, «Doing Better but Feeling Worse: Looking for the "Best" Job Undermines Satisfaction», *Psychological Science* 17, N.° 2 (2006): 143–150.
8. Lucas, Gale M. y otros, «When the Going Gets Tough: Grit Predicts Costly Perseverance», *Journal of Research in Personality* 59 (2015): 15–22.
9. Astebro, Thomas B., Jeffrey, Scott A. y Adomdza, Gordon K., «Inventor Perseverance After Being Told to Quit: The Role of Cognitive Biases», *Journal of Behavioral Decision Making* 20, N.° 3 (2007): 253–272.
10. Alaoui, Larbi y Fons-Rosen, Christian, «Know When to Fold 'Em: The Flip Side of Grit», Universitat Pomeu Fabra documento de trabajo N.° 1521, abril de 2016, https://repositori.upf.edu/bitstream/handle/10230/26833/1521.pdf
11. Wrosch, Carsten, Scheier, Michael F. y Miller, Gregory E., «Goal Adjustment Capacities, Subjective Well-Being, and Physical Health», *Social and Personality Psychology Compass* 7, N.° 12 (2013): 847–860.

Adaptado a partir de «When to Stick with Something-and When to Quit», en hbr.org, 28 de septiembre de 2018 (producto #H04K7S).

7

¿Te estás exigiendo demasiado?

Rebecca Zucker

Todos pasamos por épocas intensas de trabajo, en las que debemos cumplir múltiples plazos, se cierra un contrato importante o una temporada muy atareada se prolonga durante varios meses. Es posible que en esos momentos trabajemos con más intensidad o dediquemos más horas a nuestras ocupaciones, pero sabemos que la situación es temporal y podemos mantener controlado el trabajo. Por el contrario, alrededor del 10 % de los estadounidenses se consideran adictos al trabajo, es decir, personas con una «tendencia estable a trabajar de forma compulsiva y excesiva».[1]

Ya sea que atravieses una época de trabajo crítica o que trabajar constantemente sea tu versión de «normalidad», existen algunos indicios clave que señalan que te estás esforzando en exceso.

No te tomas tiempo libre

Posponer las vacaciones sistemáticamente (también trabajar durante los días festivos importantes), trabajar de forma habitual todo el fin de semana o descartar la idea de tener un día libre alguna que otra vez —o incluso alguna parte de un día— es señal de que intentas abarcar demasiado. Aunque solo el 23 % de los estadounidenses se toma todas las vacaciones que les corresponden, los estudios realizados con deportistas de élite indican que tomar períodos de descanso es en efecto lo que los ayuda a rendir al máximo cuando lo necesitan. Lo mismo nos ocurre a todos.[2] Aunque las vacaciones prolongadas son valiosas, los descansos más breves —por ejemplo, dedicar el fin de semana a cargar las pilas, tener un momento personal por la noche o tomarse un día libre de vez en cuando— también ayudan a tener un tiempo de inactividad suficiente para recuperar la energía y contrarrestar el agotamiento de estar «siempre en guardia».

No le das prioridad a las relaciones personales

Cuando solo nos centramos en el trabajo durante largos períodos, a menudo es a costa de nuestras relaciones personales. Durante 2018, por ejemplo, el 76 % de los trabajadores estadounidenses declaró que el estrés laboral afectaba a sus relaciones personales, y los adictos al trabajo tenían el doble de probabilidades de divorciarse.[3]

No dedicar tiempo a vincularse con los amigos y la familia también puede ser perjudicial para nuestra salud. Las investigaciones revelan que las relaciones sociales sólidas tienen correlación positiva con la esperanza de vida, y que la falta de relaciones sociales tiene el mismo efecto que fumar 15 cigarrillos por día.[4] Si no dedicas tiempo fuera del trabajo para relacionarte socialmente con los demás y te aíslas cada vez más, de tal manera que ya no te invitan porque dan por sentado que no estás disponible, lo más probable es que estés demasiado inmerso en tu trabajo.

Eres incapaz de estar plenamente presente fuera del trabajo

Otra señal de que te esfuerzas demasiado es que *cuando por fin* sales de la oficina y dedicas tiempo a estar con las personas a las que consideras importantes, no puedes desconectarte mentalmente del trabajo para estar presente con ellas. Por ejemplo, Jeff, un antiguo cliente mío que es socio principal de su despacho de abogados, nunca se ha ido de vacaciones sin su laptop. Además, luego de esforzarse por dedicar tiempo los fines de semana para vincularse con su hija, confesó que no dejaba de pensar en el trabajo y admitió que no podía evitar consultar compulsivamente el correo electrónico en su teléfono a cada minuto.

Aunque es normal pensar en el trabajo de vez en cuando, se convierte en un problema cuando no somos capaces de controlar nuestro impulso a ceder a las distracciones relacionadas con el trabajo, erosionando poco a poco nuestras relaciones más importantes. En su libro *Indistractable*, el autor Nir Eyal señala que estas distracciones convierten a las personas que nos importan en «beneficiarios residuales» de nuestra atención; es decir, reciben las sobras, que normalmente no son muchas.

Descuidas tu cuidado personal

No se trata de no ducharse alguna que otra vez, cuando trabajas desde casa vestido con ropa deportiva. Si no duermes el tiempo suficiente, te saltas comidas o tu dieta consiste en café y barritas energéticas, o si descuidas la actividad física o tu higiene personal durante períodos prolongados, todos estos son indicios de que tienes un modelo de comportamiento poco saludable. En concreto, cuando sacrificamos horas de sueño para trabajar, somos, de hecho, nuestros propios enemigos, ya que se ha demostrado que la privación del sueño perjudica las funciones cognitivas de alto nivel, como el juicio, el pensamiento crítico, la toma de decisiones y la organización.[5]

Del mismo modo, saltarse la actividad física nos pone en situación de desventaja. Se ha demostrado que la actividad física reduce el estrés, mejora el estado de ánimo y los niveles de energía y potencia las funciones cognitivas, como la memoria, la concentración, el aprendizaje, la resistencia mental y la creatividad.[6] Como exbanquero de inversiones que trabajaba entre ochenta y cien horas semanales durante las épocas más intensas, tomar descansos para hacer ejercicio, comer e incluso dormir una siesta en la sala de descanso era fundamental para preservar mi salud, resistencia y productividad.

Crees que tu trabajo define por completo tu valor como persona

La incapacidad de tener una perspectiva más amplia en cuanto a lo que consideras tu valor como persona, y en cuanto a la importancia del trabajo en relación con el resto de tu vida, puede ser un indicio de que te esfuerzas en exceso. Esta miopía suele estar impulsada por creencias restrictivas muy arraigadas que crean una visión simplificada del mundo.

Elisa, jefa de ingeniería de una empresa tecnológica, se esforzaba y presionaba en exceso a su equipo. Su comportamiento se debía al convencimiento de que *ella era valiosa por lo que producía.* Para ampliar su perspectiva, preguntó a otras personas a las que respetaba qué valoraban de ella, y también cómo se valoraban a sí mismas. Se dio cuenta no solo de que la gente la valoraba por otros motivos, como por ser una buena amiga, madre o compañera, sino también que definían su propio valor de forma más amplia que por su trabajo.

A veces un acontecimiento vital importante —como el nacimiento de un hijo o la muerte de un compañero o un ser querido— hace que una persona abandone esta perspectiva limitada. A falta de estos acontecimientos, otra manera de ampliar la perspectiva es tener intereses fuera del trabajo, un buen recordatorio de que el trabajo no lo es todo.

Aunque de vez en cuando todos necesitamos pisar el acelerador, es fundamental mantener el trabajo en perspectiva junto con el resto de nuestra vida y cuidar de nosotros mismos y de nuestras relaciones si es que deseamos alcanzar el éxito a largo plazo, tanto personal como profesional.

REBECCA ZUCKER es coach ejecutiva y socia fundadora de Next Step Partners, una empresa dedicada al desarrollo del liderazgo. Entre sus clientes se encuentran Amazon, Clorox, Morrison Foerster, Norwest Venture Partners, The James Irvine Foundation y empresas tecnológicas de gran crecimiento como DocuSign y Dropbox. Puedes seguirla en Twitter @rszucker.

Notas

1. Griffiths, Mark D., «Work Addiction and "Workaholism"», *Psychology Today*, 12 de febrero de 2018, https://www.psychologytoday.com/us/blog/in-excess/201802/work-addiction-and-workaholism; Andreassen, Cecilie Schou, «Workaholism: An Overview and Current Status of the Research», *Journal of Behavioral Addictions* 3, N.° 1 (2014): 1–11.
2. Horowitz, Julia, «Americans Gave Up Half of Their Vacation Days Last Year», CNN Money, 25 de mayo de 2017, https://money.cnn.com/2017/05/24/news/vacation-days-unused/index.html; Stulberg, Brad y Magness, Steve, «How Extended Breaks in Training Help Elite Athletes-and Why You Should Take Them Too», *Sports Illustrated*, 7 de junio de 2017, https://www.si.com/edge/2017/06/07/peak-performance-book-extended-breaks-rest-workouts
3. «Workplace Stress Continues to Mount», Ferry, Korn, s. f., https://www.kornferry.com/insights/this-week-in-leadership/workplace-stress-motivation; «How to Survive a Workaholic Spous», Forbes, 9 de diciembre de 2008, https://www.forbes.com/2008/12/09/workaholic-marriage-divorce-ent-hr-cx_ml_1209workaholicspouse.html
4. «5 Benefits of Healthy Relationships», Northwestern Medicine, septiembre de 2021, https://www.nm.org/healthbeat/healthy-tips/5-benefits-of-healthy-relationships

5. Steakley, Lisa, «What Are the Consequences of Sleep Deprivation?», Scope, 11 de julio de 2013, https://scopeblog.stanford.edu/2013/07/11/what-are-the-consequences-of-sleep-deprivation/
6. Friedman, Ron, «Regular Exercise Is Part of Your Job», hbr.org, 3 de octubre de 2014, https://hbr.org/2014/10/regular-exercise-is-part-of-your-job

Adaptado a partir de «Are You Pushing Yourself Too Hard at Work?» en hbr.org, 3 de enero de 2020 (producto #H05C9Y).

8

Cómo cultivar la gratitud, la compasión y el orgullo

David DeSteno

Como líder, ¿qué características deberías cultivar en tus empleados? ¿La tenacidad, la capacidad de perseverar frente a los desafíos? Sí, por supuesto. La voluntad de aceptar algunos sacrificios y esforzarse por lograr un futuro exitoso son esenciales para los miembros de cualquier equipo. Sin embargo, creo que existe otro componente tan importante como la tenacidad: *la gracia.* No me refiero a la capacidad de moverse con elegancia ni al aspecto religioso, sino a las cualidades de decoro, respeto y generosidad que caracterizan a una persona con la que otras personas desean cooperar.

Pensemos en los resultados del proyecto Oxygen de Google, una iniciativa de investigación de varios años cuyo objetivo era identificar las cualidades de los directivos que aumentan el éxito de un equipo.[1] Descubrieron que, en efecto, impulsar a un equipo a ser productivo y centrarse en los resultados era importante, pero también lo era ser ecuánime, dedicar tiempo a las reuniones individuales, colaborar con un equipo en la lucha diaria para resolver problemas e interesarse por la vida social de los empleados. De hecho, estas cualidades de «personalidad» superaban al mero impulso y a la experiencia técnica a la hora de predecir el éxito.

Tiene sentido: la innovación suele requerir de un esfuerzo de equipo; la experiencia debe combinarse para resolver los problemas, y para ello es necesaria la cooperación. Y la cooperación requiere de la voluntad para compartir el mérito y apoyarse mutuamente, en lugar de esforzarse siempre por atribuirse el mérito a uno mismo.

Entonces, como directivo, ¿cuál es la mejor manera de infundir tenacidad y gracia en tu equipo? Mi investigación revela que es necesario cultivar tres emociones concretas: gratitud, compasión y orgullo.

Estas tres emociones no solo intensifican la paciencia y la perseverancia, sino que también establecen vínculos sociales. Durante la mayor parte de la historia de la evolución humana, la capacidad de triunfar dependió casi por completo de la posibilidad de entablar relaciones. Las personas debían ser honradas, justas y diligentes, cualidades que imponían la voluntad de inhibir los deseos egoístas de beneficiarse a costa de los demás. Y las emociones morales que motivaron tales acciones fueron la gratitud, la compasión y el orgullo auténtico. Por ejemplo, las investigaciones han revelado que, cuando las personas se sienten agradecidas, están más dispuestas a ayudar a los demás, a ser leales aun a costa de sí mismas y a repartir las ganancias por partes iguales con los socios en lugar de quedarse con la mayor parte.[2] Cuando sienten compasión, quieren dedicar tiempo, esfuerzo y dinero a ayudar a los demás.[3] Y cuando sienten orgullo —orgullo auténtico basado en sus capacidades y no en la arrogancia o soberbia—, se esfuerzan más para ayudar a sus compañeros a resolver problemas.[4] Con todos estos comportamientos atraemos a los demás. Las personas que expresan gratitud, compasión y orgullo son consideradas positivamente por quienes les rodean.[5]

Estas emociones también desarrollan la tenacidad; aumentan el valor que la gente concede a los objetivos futuros en relación con los presentes y, en consecuencia, allanan el camino a la perseverancia. Por ejemplo, el trabajo desarrollado en mi laboratorio indica que las personas a las que se induce a sentir agradecimiento manifiestan el doble de paciencia en lo que se refiere a recompensas financieras.[6] Es decir, están dos veces más dispuestas a renunciar a un beneficio inmediato menor para poder invertir en una ganancia a más largo plazo. De manera similar, las personas a las que se induce a sentir orgullo o compasión están dispuestas a perseverar por más tiempo, más de un 30 %, en las tareas difíciles, comparadas con las que sienten otras emociones positivas, como la felicidad, precisamente porque el orgullo y la compasión las inducen a otorgar más valor a las recompensas futuras.[7]

A diferencia de emplear fuerza de voluntad para trabajar sin cesar, utilizar estas emociones también ayuda a resolver un problema cada vez más común de la vida profesional: la soledad. En la actualidad, la soledad ha pasado a ser una epidemia en Estados Unidos; el 53 % de los trabajadores estadounidenses declaran sentirse aislados a menudo en su vida pública: un problema grave debido a los estragos que causa la soledad, tanto en la salud física como mental.[8] Sentir gratitud, compasión y orgullo de forma habitual fomenta las conexiones sociales, porque estas emociones impulsan a la gente a comportarse automáticamente de forma más comunitaria y solidaria. Por ejemplo, las personas a las que se les asignan actividades sencillas para que sientan y expresen gratitud muestran más sentimientos de conexión social y satisfacción en las relaciones a lo largo del tiempo.[9]

Debido a la relación entre estas emociones, la tenacidad y la conexión social, los directivos que promuevan la gratitud, la compasión y el orgullo en su equipo verán aumentar la productividad y el bienestar de sus trabajadores. Como ejemplo de ello, Adam Grant y Francesca Gino, profesores en la Wharton School y la Harvard Business School respectivamente estudiaron la perseverancia en un entorno que está plagado de rechazo más que en casi cualquier otro: la recaudación de fondos.[10] Durante el transcurso de dos semanas registraron la cantidad de llamadas realizadas por los recaudadores de fondos con el objetivo de solicitar donativos para una universidad. Sin embargo, entre la primera y segunda semana, la mitad de los recaudadores recibieron la visita de la directora de donaciones anuales de la universidad, quien les agradeció por su trabajo. Para entender cómo afectaba esta expresión de gratitud a los recaudadores, Gino y Grant les pidieron que manifestaran en qué medida se sintieron valorados y agradecidos hacia sus superiores.

Aunque el rendimiento medio de ambos grupos había sido casi el mismo durante la primera semana del estudio, aquellos que escucharon el mensaje de agradecimiento aumentaron la recaudación en un 50 % durante la segunda semana. Lo que resulta de especial interés es la forma en que los beneficios de la gratitud y el orgullo pueden alimentarse mutuamente. En otro estudio sobre recaudadores de fondos, Grant y Amy Wrzesniewski, de la Universidad de Yale descubrieron que, cuando los directivos expresaban gratitud hacia sus empleados, el orgullo de estos aumentaba, y a su vez reforzaba su empeño.[11]

La compasión también genera dedicación. En una encuesta en la que participaron más de 200 personas que trabajaban en diferentes unidades de un importante centro de atención a largo plazo, las profesoras Sigal Barsade y Mandy O'Neil descubrieron que las que trabajaban en unidades caracterizadas por un mayor sentimiento de apego social, confianza, aceptación y apoyo —una combinación que podría denominarse empatía y compasión— no solo mostraban mayor rendimiento y participación, sino también una satisfacción laboral superior, menos agotamiento y menos absentismo.[12]

La gratitud, la compasión y el orgullo nos predisponen mejor para cooperar con los demás y comprometernos con ellos. Pero como el efecto de estas emociones se debe a que aumentan el valor que la mente otorga a las ganancias futuras, también nos empujan a comprometernos con nuestro propio futuro. De esta manera, tanto los equipos como las personas que los componen tienen más éxito y son más resilientes.

DAVID DESTENO es profesor de psicología en la Northeastern University y autor de *Emotional Success: The Power of Gratitude, Compassion, and Pride.*

Notas

1. Garvin, David A., «How Google Sold Its Engineers on Management», *Harvard Business Review*, diciembre de 2013, https://hbr.org/2013/12/how-google-sold-its-engineers-on-management
2. Bartlett, Monica Y. y DeSteno, David, «Gratitude and Prosocial Behavior», *Psychological Science* 17, N.° 4 (2006): 319-325; Bartlett, Monica Y. y otros, «Gratitude: Prompting Behaviours That Build Relationships», *Cognition and Emotion* 26, N.° 1 (2010): 2-13; DeSteno, David y otros, «Gratitude as Moral Sentiment: Emotion-Guided Cooperation in Economic Exchange», *Emotion* 10, N.° 2 (2010): 289–293.

3. DeSteno, David, «Compassion and Altruism: How Our Minds Determine Who Is Worthy of Help», *Current Opinion in Behavioral Sciences* 3 (2015): 80–83.
4. DeSteno, David, «The Connection Between Pride and Persistence», hbr.org, 22 de agosto de 2016, https://hbr.org/2016/08/the-connection-between-pride-and-persistence
5. Algoe, Sara B., Haidt, Jonathan y Gable, Shelly L., «Beyond Reciprocity: Gratitude and Relationships in Everyday Life», *Emotion* 8, N.° 3 (2008): 425-429; Sprecher, Susan y Regan, Pamela C., «Liking Some Things (in Some People) More Than Others: Partner Preferences in Romantic Relationships and Friendships», *Journal of Social and Personal Relationships* 19, N.° 4 (2016): 463-481; Williams, Lisa A. y DeSteno, David, «Pride: Adaptive Social Emotion or Seventh Sin?» *Psychological Science* 20, N.° 3 (2009): 284–288.
6. DeSteno, David y otros, «Gratitude: A Tool for Reducing Economic Impatience», *Psychological Science* 25, N.° 6 (2014): 1262–1267.
7. Williams, Lisa A. y DeSteno, David, «Pride and Perseverance: The Motivational Role of Pride», *Journal of Personality and Social Psychology* 94, N.° 6 (2008): 1007-1017; Breines, Juliana G. y Chen, Serena, «Self-Compassion Increases Self-Improvement Motivation», *Personality and Social Psychology Bulletin* 38, N.° 9 (2012): 1133–1143.
8. Murthy, Vivek, «Work and the Loneliness Epidemic», hbr.org, 26 de septiembre de 2017, https://hbr.org/2017/09/work-and-the-loneliness-epidemic; Freyer, Felice J.,

«Loneliness Kills': Former Surgeon General Sounds Alarm on Emotional Well-Being», *Boston Globe*, 16 de enero de 2018, https://www.bostonglobe.com/metro/2018/01/16/former-surgeon-general-sounds-alarm-hidden-toll-loneliness/GweBtw1woQyll1Tl8CYpVL/story.html

9. Emmons, Robert A. y McCullough, Michael E., «Counting Blessings Versus Burdens: An Experimental Investigation of Gratitude and Subjective Well-Being in Daily Life», *Journal of Personality and Social Psychology* 84, N.° 2 (2003): 377-389; Algoe, Sara B., Fredrickson, Barbara L. y Gable, Shelly L., «The Social Functions of the Emotion of Gratitude via Expression», Emotion 13, N.° 4 (2013): 605–609.
10. «The Big Benefits of a Little Thanks», *HBR IdeaCast* (podcast), episodio 380, 27 de noviembre de 2013, https://hbr.org/podcast/2013/11/the-big-benefits-of-a-little-t
11. Grant, Adam M. y Wrzesniewski, Amy, «I Won't Let You Down... or Will I? Core Self-Evaluations, Other-Orientation, Anticipated Guilt and Gratitude, and Job Performance», *Journal of Applied Psychology* 95, N.° 1 (2010): 108–121.
12. Barsade, Sigal y O'Neill, Olivia A., «Employees Who Feel Love Perform Better», hbr.org, 13 de enero de 2014, https://hbr.org/2014/01/employees-who-feel-love-perform-better

Adaptado a partir de «How to Cultivate Gratitude, Compassion, and Pride on Your Team», en hbr.org, 20 de febrero de 2018 (producto #H046D1).

9

Tenacidad organizativa

Thomas H. Lee y Angela Duckworth

Las personas de alto rendimiento poseen una resistencia extraordinaria: aunque ya se encuentren en su mejor forma, siempre están intentando mejorar. Por más que su trabajo exija sacrificio, permanecen enamorados de lo que hacen. Aun cuando tienen la posibilidad de transitar caminos más fáciles, su compromiso es absoluto. A esta extraordinaria combinación de fortalezas la denominamos *tenacidad.*

La tenacidad predice quién alcanzará objetivos difíciles. Por ejemplo, las investigaciones realizadas en West Point revelan que es el mejor indicador de cuáles serán los cadetes que pasarán el entrenamiento, mejor que las puntuaciones obtenidas en los exámenes de aptitud y la capacidad atlética. La tenacidad anticipa la probabilidad de graduarse en la escuela secundaria y en la universidad, y el rendimiento en trabajos estresantes como los de ventas. Creemos que la tenacidad también impulsa a las personas a los cargos más altos de liderazgo en muchos terrenos exigentes.

En el campo de la salud, los pacientes han dependido durante mucho tiempo de la tenacidad de médicos y enfermeras. Pero en la medicina moderna, proporcionar una atención sanitaria de calidad se ha vuelto tan complejo que ningún profesional por sí solo, aunque esté muy motivado, puede hacerlo todo. Hoy en día, una atención de excelencia requiere de una gran colaboración: equipos de médicos tenaces que se esfuercen sin descanso por mejorar. No obstante, hace falta más: las instituciones sanitarias deben mostrar tenacidad en todo el sistema de prestaciones a los pacientes.

En este artículo, basándonos en las décadas de experiencia de Tom como médico clínico y líder en gestión sanitaria y en los estudios pioneros de Angela sobre la tenacidad, hemos integrado la investigación psicológica a nivel individual con las perspectivas contemporáneas sobre las culturas organizativas y de la atención sanitaria. Como veremos, en el nuevo modelo de tenacidad en la atención sanitaria —ejemplificado por instituciones líderes como la Clínica Mayo y la Clínica Cleveland— la pasión por el bienestar del paciente y la perseverancia en la búsqueda de ese objetivo se convierten en normas sociales a nivel individual, de equipo e institucional. Dado que la sanidad atrae a tantos profesionales de élite y depende tanto del trabajo en equipo, es un lugar excepcionalmente idóneo para encontrar ejemplos de tenacidad organizativa. Sin embargo, los principios que aquí se esbozan pueden aplicarse también a otros sectores empresariales.

Desarrollo de las personas

Para los líderes, la construcción de una cultura tenaz comienza con la selección y el desarrollo de personas tenaces. ¿Qué deben buscar las organizaciones? Los dos componentes fundamentales de la tenacidad son la pasión y la perseverancia. La pasión surge del interés intrínseco por tu oficio y de un sentido de finalidad: la convicción de que tu trabajo tiene sentido y es útil para los demás. La perseverancia adopta la forma de resiliencia ante la adversidad y devoción inquebrantable con la mejora continua.

La firme determinación que caracteriza a las personas con más tenacidad requiere de una jerarquía de objetivos claramente definida. Considera cómo podría ser esta jerarquía para una cardióloga, como se refleja en la figura 1: en la parte inferior estarían las tareas concretas de su lista de tareas pendientes a corto plazo, como las reuniones de revisión de los casos. Estos objetivos básicos constituyen un medio para alcanzar un fin, ya que ayudan a la cardióloga a lograr objetivos de nivel medio, como coordinar la atención de los pacientes con otros especialistas y miembros del equipo. En la parte superior habría un objetivo abstracto, amplio e importante, como mejorar la calidad y duración de la vida de los pacientes. Este objetivo general otorga sentido y orientación a todo lo que hace un individuo con tenacidad. Por el

FIGURA 1

Jerarquía de objetivos de una cardióloga

En esta ilustración simplificada, los objetivos inmediatos y concretos se sitúan en la parte inferior y sirven de apoyo a los objetivos más amplios del siguiente nivel, los que a su vez respaldan a un objetivo amplio e importante que proporciona sentido y orientación.

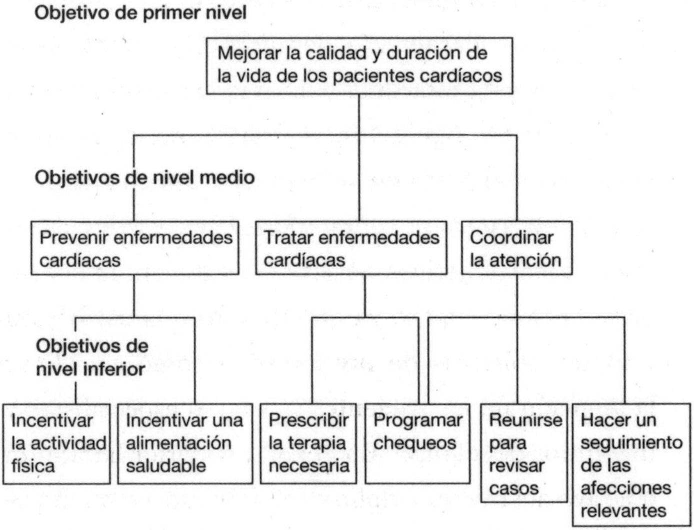

contrario, las personas menos tenaces tienen jerarquías de objetivos menos coherentes y, a menudo, numerosos conflictos entre los objetivos de cada nivel.

Es importante señalar que, por el solo hecho de reunir a un grupo de personas con tenacidad, no necesariamente se crea una organización tenaz, ya que podría tratarse de una multitud desorganizada de individuos tenaces, cada uno de los cuales persigue su propia pasión. Si los objetivos de todos no están alineados, una cultura no será tenaz. Como analizaremos más adelante, se necesita mucho esfuerzo para lograr esa alineación.

Consideremos la Clínica Mayo: está comprometida de forma inequívoca con un objetivo de primer nivel, que es el de priorizar ante todo las necesidades de sus pacientes. Expresa ese objetivo en su declaración de objetivos y lo refuerza de manera concienzuda a la hora de contratar personal. La Clínica Mayo observa a los candidatos externos durante dos o tres días mientras trabajan y enseñan, y evalúa no solo sus habilidades sino también sus valores; en concreto, si su misión está centrada en el paciente. Una vez contratados, los nuevos médicos pasan por un período de evaluación de tres años. Solo después de haber demostrado el talento, la tenacidad y la alineación de objetivos necesarios se los considera para un nombramiento permanente.

¿Cómo se puede contratar en función de la tenacidad? Los cuestionarios son útiles para la investigación y la reflexión, pero debido a que son fáciles de falsear, no recomendamos su utilización como herramientas de contratación. Sugerimos, en cambio, revisar con detenimiento el historial del solicitante. En concreto han de buscarse compromisos plurianuales y pruebas objetivas de avances y logros, en lugar de movimientos laterales frecuentes, como cambios de una especialidad a otra. Al verificar las referencias, debe prestarse atención a pruebas de que los candidatos se hayan recuperado de algún fracaso en el pasado, que hayan demostrado flexibilidad al enfrentarse a obstáculos inesperados y hayan mantenido un hábito de autosuperación constante. Más que nada, deben buscarse señales de que a las personas las impulsa un propósito superior a ellas mismas, que se identifica con la misión de su organización.

La Clínica Mayo, como muchas organizaciones tenaces, desarrolla la mayor parte de su propio talento. Por ejemplo, más de la mitad de los médicos contratados en su sede central de Rochester, Minnesota, proceden de su facultad de medicina o de sus programas de formación. Un líder de la organización nos contó que esos programas se consideran «una entrevista de trabajo que dura ocho años». A la hora de extenderse a otras regiones, tanto la Clínica Mayo como la Clínica Cleveland prefieren trasladar a los médicos formados en sus sistemas en lugar de contratar a médicos locales que podrían no adaptarse a su cultura.

Crear el entorno adecuado puede ayudar a las organizaciones a desarrollar empleados con tenacidad. (La idea de cultivar la pasión y la perseverancia en los adultos podrá parecer ingenua, pero numerosas investigaciones revelan que la personalidad continúa su evolución a lo largo de toda la vida). El entorno óptimo será exigente pero también de apoyo; se les pedirá a las personas que satisfagan unas expectativas elevadas, que estarán claramente definidas y serán viables aunque supongan un desafío, pero también se les ofrecerá seguridad psicológica y confianza, además de los recursos tangibles necesarios para asumir riesgos, cometer errores y continuar aprendiendo y creciendo.

En la Clínica Cleveland, los médicos tienen contratos de un año que se renuevan, o no, en función de las evaluaciones profesionales anuales (APR, por sus siglas en inglés), que incluyen un debate formal sobre los objetivos profesionales. Antes de una APR, cada uno de los 3600 médicos de la clínica realiza una evaluación en línea, reflexiona sobre su progreso durante el año anterior y propone nuevos objetivos para el año siguiente. En las reuniones, los médicos y sus supervisores acuerdan objetivos específicos, como mejorar las habilidades de comunicación o aprender nuevas técnicas. La clínica ofrece entonces los cursos o la formación pertinentes, además del apoyo financiero y el «tiempo protegido» que los médicos necesitan para realizarlos. La mejora no se fomenta mediante gratificaciones por rendimiento, sino ofreciéndole a la gente un feedback detallado sobre su desempeño en una serie de métricas, entre ellas, la eficiencia en procedimientos específicos y la experiencia del paciente. El supuesto subyacente es que los médicos quieren mejorar y que la organización, y sus supervisores en particular, respaldan plenamente sus esfuerzos por alcanzar objetivos que quizá tarden un año o más en alcanzar.

Formación de equipos

Los equipos con tenacidad tienen en su conjunto los mismos rasgos que los individuos tenaces: el deseo de trabajar mucho, aprender y mejorar; resiliencia frente a los contratiempos y un fuerte sentido de prioridades y propósito.

En la atención sanitaria, los equipos suelen definirse por la población a la que atienden (por ejemplo, pacientes con cáncer de mama) o el lugar en el que trabajan (la unidad de cuidados coronarios). Los miembros del equipo pueden tener sus propias jerarquías de objetivos profesionales, pero todos adoptarán el objetivo de alto nivel del equipo: por lo general, un objetivo específico del equipo, como «mejorar los resultados de nuestros pacientes con cáncer de mama», que a su vez apoya el objetivo general de la organización.

En el sector sanitario, muchas personas asocian el compromiso con un equipo con la pérdida de autonomía —un aspecto negativo—, pero las que son tenaces lo consideran una oportunidad para ofrecer una mejor atención a sus pacientes. Ven el todo como algo mayor que la suma de sus partes, y reconocen que pueden lograr más como equipo que como individuos.

En las empresas, los equipos son cada vez más dispersos y virtuales, pero los equipos de atención sanitaria con más tenacidad que hemos visto hacen hincapié en la interacción cara a cara. Sus miembros se reúnen con frecuencia para revisar los casos, fijar objetivos de mejora y hacer un seguimiento de los avances. En muchos casos, todo el equipo estudia a cada paciente nuevo. Estas reuniones refuerzan el sentido de propósito y compromiso compartidos y ayudan a los miembros a conocerse y a fomentar la confianza, otra característica de los equipos eficaces.

A esa conclusión han llegado muchos líderes de la sanidad al estudiar la descripción del legendario entrenamiento de seis meses de los SEAL de la Marina de los Estados Unidos en *Team of Teams*, del general Stanley McChrystal. Como él mismo señala, el objetivo del entrenamiento «no es formar supersoldados, sino crear superequipos». McChrystal escribe: «Pocas tareas se enfrentan en solitario... La formación de los equipos SEAL no consiste tanto en preparar a la gente para que cumpla órdenes precisas, sino en desarrollar la confianza y la capacidad de adaptarse dentro de un grupo pequeño». Una cultura de este tipo permite a los equipos desempeñarse en niveles sistemáticamente altos, aun frente a retos impredecibles.

El compromiso con un propósito compartido, la atención centrada en la mejora constante y la confianza mutua son las características de las unidades de prácticas integradas (IPU), el patrón de oro de la atención sanitaria en equipo. Estas unidades multidisciplinarias proporcionan el ciclo completo de atención a un grupo de pacientes, en general los que padecen la misma enfermedad o enfermedades estrechamente relacionadas. Debido a que las IPU se centran en segmentos bien definidos de pacientes con necesidades similares, pueden recopilarse datos valiosos sobre sus costes y resultados. Eso significa que el valor que crea una unidad puede medirse, optimizarse y recompensarse. Dicho de otra manera, las IPU pueden recopilar la información necesaria para seguir mejorando.

La IPU de trasplantes de riñón de la UCLA (Universidad de California en Los Angeles) constituye un buen ejemplo. Dos años después de la aprobación de la Ley Nacional de Trasplante de Órganos en 1984, que obligaba a los programas de trasplante de órganos a recopilar y comunicar datos sobre los resultados, así como los porcentajes de éxito en un año, Kaiser Permanente se puso en contacto con la UCLA para contratar trasplantes de riñón. Esta poderosa organización para el mantenimiento de la salud aumentaría sus derivaciones a la UCLA si esta aceptaba un precio fijo por el proceso de atención completo (un «pago combinado»). Tras aceptar el acuerdo, la UCLA se vio obligada a ofrecer buenos resultados (o arriesgarse a la humillación pública y a la pérdida de derivaciones) y a ser eficiente (o arriesgarse a perder dinero con el contrato de pago combinado).

El equipo ha crecido hasta convertirse en uno de los más grandes de los Estados Unidos, y sus porcentajes de éxito (supervivencia del paciente y del injerto ajustada por el riesgo) han sido considerablemente superiores a los parámetros nacionales casi todos los años. Gracias a los avances médicos y a la información pública, los porcentajes de éxito de los trasplantes de riñón han aumentado en todo el país, pero la UCLA se ha mantenido a la vanguardia.

Organizaciones tenaces

Para que las personas y los equipos tenaces prosperen, las organizaciones deben desarrollar culturas que las conviertan, a su vez, en macrocosmos de sus mejores equipos y personas.

Por ello, las organizaciones se benefician de hacer explícitas sus jerarquías de objetivos: si una organización declara tener múltiples misiones y no puede priorizarlas, tendrá dificultades para tomar buenas decisiones estratégicas.

Otro peligro es el de promover un objetivo de alto nivel que la gente no acepte. En el caso de la atención sanitaria, es poco probable que la reducción de costes o el aumento de la cuota de mercado sea la máxima prioridad para los profesionales cuya pasión es mejorar los resultados importantes para los pacientes.

En nuestra experiencia, toda organización de atención sanitaria que se precie tiene como objetivo primordial poner a los pacientes en primer lugar. De hecho, creemos que una organización de atención sanitaria no puede ser tenaz si no antepone ese objetivo a todos los demás. Aunque es difícil sugerir que otras necesidades (como las de los médicos o los investigadores) ocupen un segundo o tercer lugar, si no se priorizan las necesidades de los pacientes, las decisiones tienden a basarse en la política más que en la estrategia, ya que las partes interesadas compiten por los recursos. Esto no significa que una organización no pueda tener otros objetivos; por ejemplo, la Clínica Mayo también valora la investigación, la educación y la salud pública. Sin embargo, todo eso está subordinado a la atención del paciente. (Ver figura 2).

Claro que, aun cuando el objetivo de alto nivel es claro y apropiado, la retórica por sí sola no basta para promoverlo, e incluso puede fracasar. Si los líderes de una organización no utilizan el objetivo para tomar decisiones, eso afectará a su credibilidad.

Pensemos en la respuesta de la Clínica Cleveland al enterarse de que la demora en una cita había provocado horas de sufrimiento a un paciente con dificultades para orinar. La clínica comenzó a preguntarles a todas las personas que solicitaban cita si querían ser atendidas ese mismo día. Ofrecer esa opción exigía cambios complejos y costosos en cuanto a la forma

FIGURA 2

Alinear los objetivos de la organización

Las grandes instituciones de atención sanitaria poseen jerarquías de objetivos claras, como en el siguiente esquema hipotético. Al igual que con las jerarquías individuales y de equipo, los objetivos de nivel inferior apoyan a los del nivel siguiente, que a su vez están al servicio de un único objetivo o misión general de primer nivel.

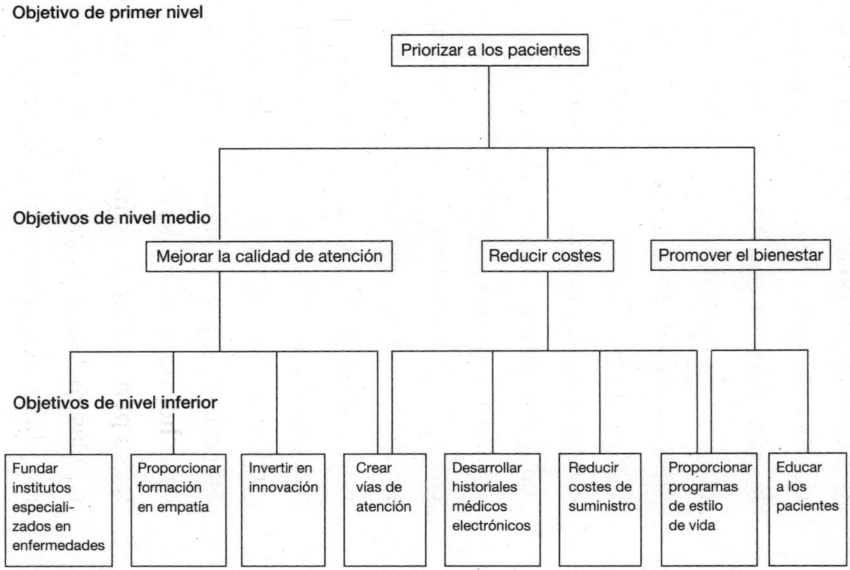

de hacer las cosas, pero claramente priorizaba las necesidades de los pacientes. Resultó que este cambio se vio recompensado con un enorme aumento de la cuota de mercado; pero fue un afortunado efecto secundario, no el objetivo principal del cambio.

Como revela esta historia, la claridad en torno a los objetivos de alto nivel puede marcar una diferencia competitiva en el mercado y, además, tener un valioso impacto dentro de la organización. Los datos de Press Ganey revelan que, cuando los médicos y otros empleados asumen el compromiso de su organización con la calidad y la seguridad, y cuando esos objetivos reflejan los suyos propios, no solo se obtiene una mejor atención, sino también mejores resultados empresariales.

Pero, ¿cómo pueden ayudar los líderes a trasladar el objetivo organizativo de primer nivel a actividades concretas para los equipos y las personas? Hace siete años, la Clínica Cleveland dio un paso importante que ayudó a definir su cultura y orientación. Toby Cosgrove, consejero delegado en aquel momento, hizo que todo el personal participara en un programa de «investigación apreciativa» de medio día de duración, en el que los empleados que desempeñaban distintas funciones se sentaban alrededor de mesas de unas 10 personas y comentaban casos en los que la atención recibida por un paciente los había enorgullecido. Se entrecruzaron las opiniones de médicos, enfermeras, conserjes y personal administrativo, y la atención se centró en los ejemplos positivos de la vida real que captaban lo mejor de la Clínica Cleveland.

La pregunta que se planteó fue: «¿Por qué la atención en este caso fue excelente, y cómo podría la Clínica Cleveland reproducir siempre esa excelencia?». El coste de movilizar al personal para que pudiera realizar estos ejercicios se estimó en once millones de dólares, pero para Cosgrove fue una de las formas más poderosas de ayudar a la organización a alinearse en torno a su misión.

Otra de las tácticas consiste en establecer normas sociales que apoyen el objetivo de primer nivel. En la Clínica Mayo, la norma social para los clínicos es responder de inmediato a los mensajes por localizador referidos a pacientes. Si están conduciendo, se detienen en la carretera y responden. No esperan a terminar un correo electrónico o una conversación, ni siquiera con un paciente. Piden disculpas y contestan a la llamada.

Preguntamos a varias personas en la Clínica Mayo qué ocurría si no respondían de inmediato los mensajes del localizador. «Aquí no te irá bien», respondieron algunos. Otro hizo una broma: «Se abrirá la tierra y te devorará». Un tercero contestó: «Lo último que querrás es que la gente diga: "Es el tipo de persona que no contesta su localizador"». Forma parte de algo más amplio. El «estilo Mayo» es mucho más que un código de vestimenta (y existe un código de vestimenta); es también responder a tu localizador, trabajar en equipo y dar prioridad a las necesidades de los pacientes.

Otra característica fundamental de las organizaciones con tenacidad es su inquietud frente al *statu quo* y el impulso incesante por mejorar. Fomentar esa inquietud en una organización sanitaria es una verdadera prueba de liderazgo, ya que la sanidad está repleta de personas con buena formación y que trabajan mucho, pero que a menudo no son receptivas cuando se habla de la necesidad de un cambio. No obstante, el objetivo de «preservar la grandeza» no es un argumento convincente para el cambio ni atractivo para los empleados tenaces. En cambio, debería prestarse atención a los verdaderos clientes de la sanidad —los pacientes—, no solo en cuanto a proporcionar un «servicio» amable, sino a la incesante búsqueda para satisfacer sus necesidades médicas y emocionales.

También es útil promover dentro de la organización algo que Carol Dweck, psicóloga de Stanford, denomina *mentalidad de crecimiento*: la creencia de que las capacidades pueden desarrollarse mediante el trabajo arduo y el feedback, y que los grandes desafíos y contratiempos brindan la oportunidad de aprender. Por supuesto, para ello es necesario que el liderazgo acepte, e incluso comunique públicamente, las complicaciones y los errores, algo que no siempre resulta fácil en la atención sanitaria. Pero los líderes que son explícitos en cuanto a la necesidad de asumir riesgos calculados, reducir los errores y aprender de forma constante suelen ser los que de verdad inspiran un crecimiento real en sus organizaciones.

Las crisis ofrecen oportunidades especiales de crecimiento y, en particular, de fortalecimiento de la cultura. Las organizaciones que han prestado asistencia después de catástrofes naturales o atentados terroristas han comprobado que la experiencia conduce a una poderosa vinculación, a un mayor sentido de finalidad, al deseo de superación y a un compromiso renovado con los objetivos de la organización.

Por ejemplo, cuando el huracán Katrina arrasó Nueva Orleans en 2005, un hospital local afiliado al Ochsner Health System se enfrentó a una serie de retos increíbles, como apagones, inundaciones, hacinamiento e insuficiencia de alimentos y suministros.

Pero en todo momento, la moral se mantuvo alta porque todos los empleados se unieron y realizaron tareas ajenas a sus funciones habituales. Por ejemplo, los médicos servían las comidas y las enfermeras limpiaban las habitaciones. «El equipo que estuvo aquí durante la tormenta desarrolló una relación que solo pueden reproducir los soldados en combate», declaró a la revista *Repertoire* el vicepresidente de la cadena de suministro y servicios de apoyo del hospital. «Hay mucho respeto y confianza mutuos».

Sin embargo, responder a las crisis propias puede ser un poco más complicado. En este caso, las historias de los pacientes pueden ser poderosos motores de mejora, en particular si las historias son denigrantes e implican a «uno de los nuestros». En el Henry Ford Health System, por ejemplo, todos los empleados nuevos miran un video que muestra la experiencia de una médica, Rana Awdish, en la unidad de cuidados intensivos del sistema, quien estuvo a punto de morir desangrada en la UCI en 2008 cuando un tumor en su hígado se desgarró en forma repentina. Sufrió un shock grave y un derrame cerebral; además, estaba embarazada de siete meses y el bebé no sobrevivió.

Mientras su estado empeoraba, Awdish oyó que sus propios colegas decían: «Se nos está muriendo» y «Se está yendo a pique», comentarios que ella misma hacía cuando trabajaba en la misma UCI. Cuando la escucharon describir su experiencia, sus colegas se dieron cuenta de que los médicos se centraban en el problema y no en ella como ser humano, y que probablemente esto sucedía con frecuencia en el Henry Ford. Esta crisis hizo que los líderes se comprometieran con el objetivo de tratar a todos los pacientes con empatía en todo momento. En la actualidad, todos los empleados del Henry Ford han visto el video, y el objetivo de lograr una empatía fiable se entiende con claridad. Compartir la historia de Awdish es solo una de las intervenciones que se llevaron a cabo en el Henry Ford, y durante la campaña posterior la organización observó que la mayoría de las mediciones de la relación médico-paciente mejoraban entre cinco y diez puntos porcentuales.

El líder tenaz

Ralph Waldo Emerson observó que las organizaciones son las sombras alargadas de sus líderes. Para atraer a los empleados, crear equipos y desarrollar una cultura organizativa en la que todos tengan tenacidad, los líderes deben personificar la pasión y la perseverancia, proporcionando un modelo visible y acreditado para todas las demás personas de la organización. Además, en sus interacciones personales deben ser tanto exigentes —manteniendo altos los estándares— como solidarios.

Veamos el caso de Toby Cosgrove. Era un estudiante diligente pero, debido a que tuvo dislexia no diagnosticada hasta pasados los treinta años, su expediente académico era mediocre. Sin embargo, se propuso estudiar medicina y se postuló en trece universidades. Solo una lo aceptó: la Universidad de Virginia. En retrospectiva, Cosgrove declara que «la dislexia reforzó mi determinación y persistencia, porque tuve que trabajar más horas que nadie para obtener el mismo resultado».

En 1968, la residencia de cirugía de Cosgrove se interrumpió cuando lo llamaron al servicio militar. Sirvió durante dos años como cirujano de la Fuerza Aérea de los Estados Unidos en Vietnam. Cuando regresó al país, finalizó su residencia y se incorporó a la Clínica Cleveland en 1975. «Todo el mundo me decía que no fuera cardiocirujano, pero lo hice de todos modos», declaró. De hecho, Cosgrove realizó más operaciones cardíacas (alrededor de 22.000) que cualquiera de sus contemporáneos. Fue pionero en varias técnicas e innovaciones, entre ellas la cirugía de válvula mitral mínimamente invasiva, con la que obtuvo más de 30 patentes.

El desarrollo de Cosgrove como cirujano de talla mundial es un estudio de caso de tenacidad. «Me dijeron que era la persona con menos talento de mi residencia, pero el fracaso es un excelente maestro. Seguí trabajando con esfuerzo para perfeccionar mi oficio», nos contó. «Con el tiempo cambié mi forma de hacer las cosas. Solía hacer lo que yo llamaba "viajes de innovación", es decir, viajes por todo el mundo para observar a otros cirujanos y sus técnicas. Aprendía de ellos y lo incorporaba a mi práctica. Estaba en una búsqueda constante para encontrar maneras de perfeccionarme».

Cosgrove fue nombrado consejero delegado de la Clínica Cleveland en 2004. La pasión y perseverancia que lo convirtieron en un excelente cirujano y jefe de un equipo de cuidados cardíacos pronto se pondrían a prueba en su nueva función como líder de más de 43.000 empleados. «Decidí que debía convertirme en un estudiante de liderazgo», recuerda Cosgrove. «Tenía pilas de libros sobre liderazgo, y todas las noches, cuando llegaba a mi casa, subía a mi pequeño despacho y leía. Entonces llamé a Michael Porter, profesor de la Harvard Business School». Porter, considerado por muchos como el padre del ámbito moderno de la estrategia, invitó a Cosgrove a visitarlo. «Habló conmigo durante dos horas; después, logré que viniera a Cleveland. Desde entonces hemos estado compartiendo ideas», afirma Cosgrove. Porter lo ayudó a comprender que como consejero delegado debía ser algo más que un cirujano de renombre y un líder entusiasta: debía desarrollar la estrategia de la organización, centrarse en crear valor para los pacientes y lograr una diferencia competitiva en el proceso.

Cosgrove examinó los datos de calidad de la Clínica Cleveland, y aunque sus estadísticas de mortalidad eran similares a las de otras instituciones líderes, el rendimiento en otras métricas —en particular la experiencia del paciente— dejaba mucho que desear. «La gente nos respetaba», dice, «pero sin duda no nos quería». En 2009 contrató a Jim Merlino, un joven médico que se había alejado de la clínica con tristeza tras la muerte de su padre en ese lugar, y lo nombró director de experiencias. Cosgrove le pidió a Merlino que resolviera los problemas que lo habían llevado a marcharse.

Cosgrove apoyó las numerosas ideas innovadoras de Merlino, por ejemplo, hacer que todos los empleados realizaran el ejercicio de investigación apreciativa y realizar un filme de formación interna, un «video de empatía» tan impactante que fue visto por muchas personas ajenas a la clínica y obtuvo más de cuatro millones de visitas en YouTube. Como consecuencia de estos esfuerzos y muchos otros, la Clínica Cleveland pasó del cuartil inferior en experiencia del paciente al superior.

Los cambios institucionales que Cosgrove y su equipo lograron son muy cuantiosos para enumerar, pero estos son algunos: intercambiar los espacios de estacionamiento, de manera que los pacientes, y no los médicos, estén más cerca de las entradas a la clínica; pasar los historiales médicos de copia impresa a almacenamiento electrónico; desarrollar vías de atención estándar para garantizar la coherencia y optimizar la calidad de atención; negarse a contratar fumadores y, en respuesta a la crisis nacional de opioides, realizar pruebas aleatorias de drogas a todo el personal de la clínica, incluidos los médicos y ejecutivos.

Al principio, estos cambios no siempre fueron bien recibidos; pero cuando sabe que está en lo cierto, Cosgrove no ceja en su esfuerzo. Un cartel que tiene sobre su escritorio le recuerda que: «Todo lo que puede concebirse puede crearse».

Es difícil negar los resultados obtenidos durante sus trece años como consejero delegado. Además de las mejoras en la experiencia del paciente, los ingresos crecieron de 3700 millones de dólares en 2004 a 8500 millones en 2016, y el total de visitas anuales aumentó de 2,8 millones a 7,1 millones. La calidad en prácticamente todas las métricas disponibles aumentó al nivel más alto de la atención sanitaria estadounidense.

Cuando Cosgrove dio su primer gran discurso como consejero delegado, repartió 40.000 distintivos que rezaban: «Los pacientes primero». Le preguntamos si algún colega revolvió los ojos. «Sí, muchos», respondió. «Pero tomé la decisión de fingir que no los veía».

Cosgrove mostró tenacidad. Y dirigió una organización que se ha convertido en su reflejo.

THOMAS H. LEE es director médico de Press Ganey. También es profesor de política y gestión sanitaria en la T.H. Chan School of Public Health de Harvard y médico titular en el Brigham and Women's Hospital. ANGELA DUCKWORTH es titular de la cátedra Rosa Lee and Egbert Chang en la Universidad de Pensilvania y en la Wharton School. También es cofundadora, científica jefe y miembro del consejo de administración de Character Lab, una organización sin fines de lucro cuya misión es promover los conocimientos científicos que ayudan a los niños a prosperar.

Reimpreso a partir de *Harvard Business Review*, septiembre-octubre de 2018 (producto #R1805G).

Índice

Notas

Notas

EMPATÍA
FELICIDAD
MINDFULNESS
RESILIENCIA
EL AUTÉNTICO LIDERAZGO
ENERGÍA + MOTIVACIÓN
INFLUENCIA Y PERSUASIÓN
Cómo tratar con GENTE DIFÍCIL
LIDERAZGO
PROPÓSITO SENTIDO + PASIÓN
AUTO CONCIENCIA
INCLUSIÓN
FOCUS
SABER ESCUCHAR
CONFIANZA
PODER + INFLUENCIA
IE VIRTUAL
BUENOS HÁBITOS

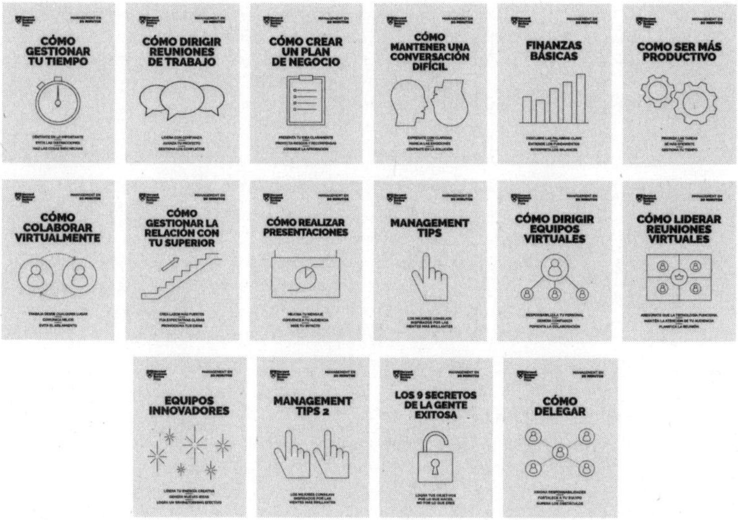
CÓMO GESTIONAR TU TIEMPO
CÓMO DIRIGIR REUNIONES DE TRABAJO
CÓMO CREAR UN PLAN DE NEGOCIO
CÓMO MANTENER UNA CONVERSACIÓN DIFÍCIL
FINANZAS BÁSICAS
COMO SER MÁS PRODUCTIVO
CÓMO COLABORAR VIRTUALMENTE
CÓMO GESTIONAR LA RELACIÓN CON TU SUPERIOR
CÓMO REALIZAR PRESENTACIONES
MANAGEMENT TIPS
CÓMO DIRIGIR EQUIPOS VIRTUALES
CÓMO LIDERAR REUNIONES VIRTUALES
EQUIPOS INNOVADORES
MANAGEMENT TIPS 2
LOS 9 SECRETOS DE LA GENTE EXITOSA
CÓMO DELEGAR

CREA TU SEGUNDO CEREBRO de TIAGO FORTE

Un método probado para optimizar tu vida digital. Esta innovadora metodología te guiará hacia una mayor productividad, creatividad y eficacia. En un mundo saturado de información, es común sentirse abrumado en lugar de capacitado. Este libro te brinda las herramientas para desbloquear el potencial de tus ideas y lograr mejoras significativas tanto en tu trabajo como en tu vida.

TU MEJOR VERSIÓN EN 12 SEMANAS de SANJAY GUPTA

Una guía transformadora con un enfoque paso a paso para cambiar hábitos arraigados y mejorar nuestra calidad de vida. Al seguir estos consejos, podremos reducir la ansiedad, mejorar el sueño y aumentar la energía, la claridad mental y la resistencia al estrés. Esta guía esencial nos permite adoptar comportamientos saludables y experimentar una transformación en solo 12 semanas.

UN PAVO REAL EN EL REINO DE LOS PINGÜINOS

Una fábula contemporánea que aborda como tema principal la diversidad en el ámbito laboral. La clave radica en un cambio de mentalidad para aprovechar las oportunidades que brinda la diversidad. Esta edición conmemorativa del vigésimo aniversario, ofrece nuevas herramientas y estrategias, proporcionando valiosas lecciones sobre la gestión de la diversidad y la inclusión en el trabajo.

TU PAREJA IDEAL de LOGAN URY

Explora cómo nuestras decisiones influyen en nuestras relaciones amorosas. La autora, psicóloga y científica del comportamiento, combina investigación y experiencia personal para ofrecer estrategias prácticas sobre cómo encontrar y mantener el amor, guiándonos hacia relaciones sanas y significativas. Su profundo conocimiento del comportamiento humano y las relaciones hace que este libro sea una herramienta esencial para encontrar y mantener el amor.

CÓMO CALMAR TU MENTE de CHRIS BAILEY

Conjunto de estrategias respaldadas por la ciencia para superar la ansiedad y ser más productivo. Bailey, experto en productividad, reconoce la importancia de la calma para equilibrar su enfoque en la productividad. Al aprender a reducir el estrés y desarrollar la calma, no solo nos sentimos mejor, sino que permite que nuestros esfuerzos sean sostenibles a lo largo del tiempo.

INTELIGENCIA EMOCIONAL, 3A EDICIÓN de HARVARD

La tercera edición de 'Inteligencia Emocional' ofrece conocimientos actualizados sobre el complejo universo de las emociones y herramientas que te ayudarán a mejorar tus habilidades para gestionarlas y relacionarte eficazmente. Este libro recopila artículos de Harvard Business Review escritos por expertos en psicología, marketing, liderazgo y cambio organizacional, incluido Daniel Goleman.

UN MUNDO SIN E-MAIL de CAL NEWPORT

Newport argumenta que la comunicación digital constante nos impide ser realmente productivos, y expone una serie de principios e instrucciones para corregirlo: procesos de trabajo más definidos, menos tareas administrativas y una comunicación optimizada. Este libro te ayudará a implementar cambios audaces en la gestión del trabajo.

GOOD TO GREAT de JIM COLLINS

Referenciado como uno de los diez mejores libros sobre gestión empresarial, Good to Great nos ofrece todo un conjunto de directrices y paradigmas que debe adoptar cualquier empresa que pretenda diferenciarse de las demás. Escrito por Jim Collins, un reconocido empresario especializado en qué hace que las empresas sobresalgan, y asesor socrático de líderes de los sectores empresariales y sociales.

LOS PRIMEROS 90 DÍAS de MICHAEL D WATKINS

D Watkins es profesor de Liderazgo y Cambio Organizacional. En los últimos 20 años ha acompañado a líderes de organizaciones en su transición a nuevos cargos. Su libro, con más de 1.500.000 de ejemplares vendidos en todo el mundo y traducido a 27 idiomas, se ha convertido en la publicación de referencia para los profesionales en procesos de transición y cambio.

DIARIO PARA ESTOICOS de RYAN HOLIDAY

Una guía fascinante para transmitir la sabiduría estoica a una nueva generación de lectores y mejorar nuestra calidad de vida. Su Agenda es un complemento perfecto para una reflexión más profunda sobre el estoicismo, así como indicaciones diarias y herramientas estoicas de autogestión.

Disponibles también en formato **e-book.**

Solicita más información en revertemanagement@reverte.com
www.revertemanagement.com
@revertemanagement